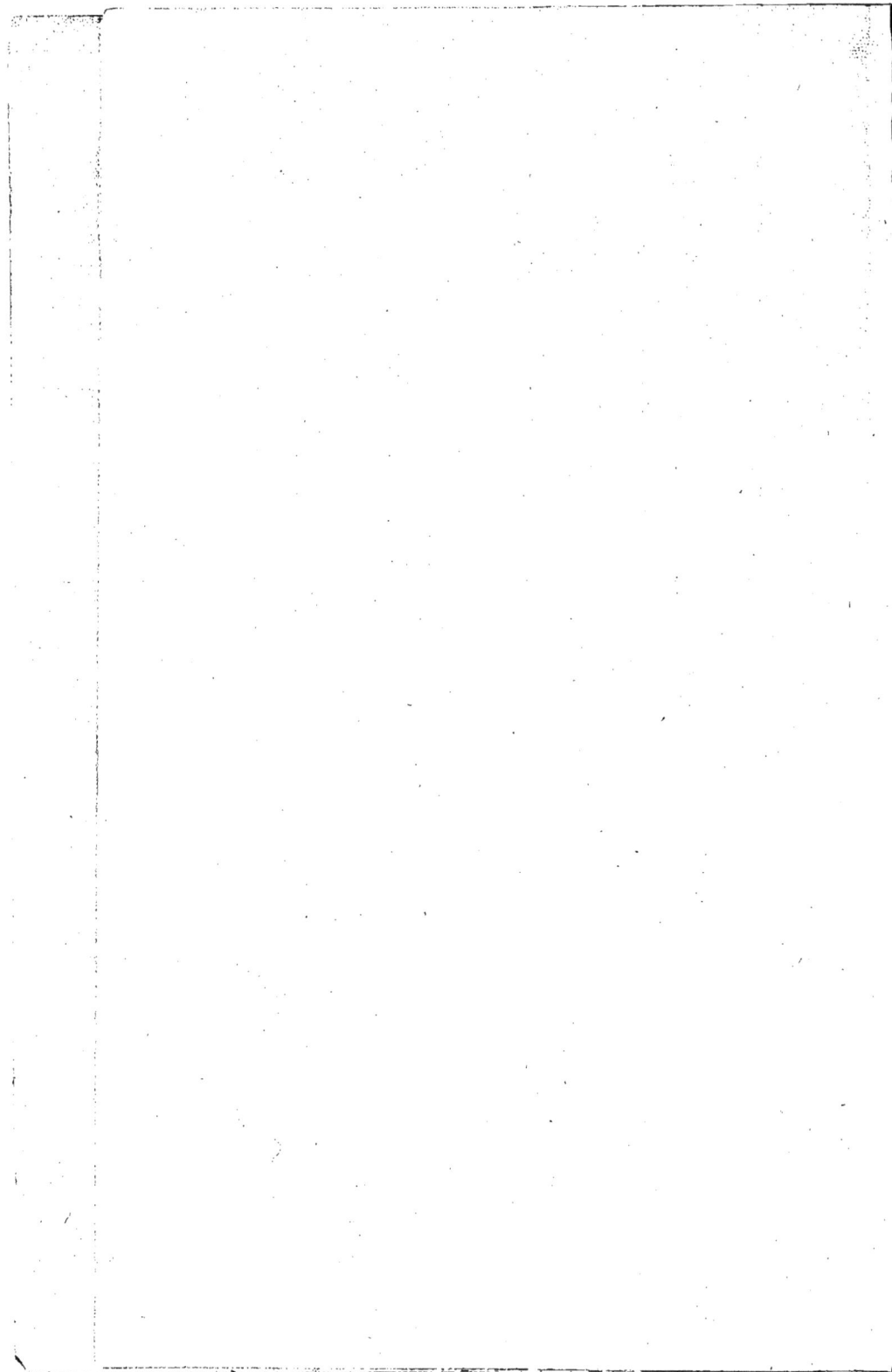

DESCRIPTION

DES PRINCIPALES

ARTILLERIES ÉTRANGÈRES

PAR

M. E. JOUFFRET

Capitaine d'Artillerie, Adjoint au professeur du Cours d'artillerie à l'École d'application
de l'artillerie et du génie, à Fontainebleau.

TROISIÈME PARTIE

ARTILLERIE ANGLAISE

BERGER-LEVRAULT et Cie, LIBRAIRES-ÉDITEURS

PARIS | NANCY
RUE DES BEAUX-ARTS, 5 | RUE JEAN-LAMOUR, 11

1873

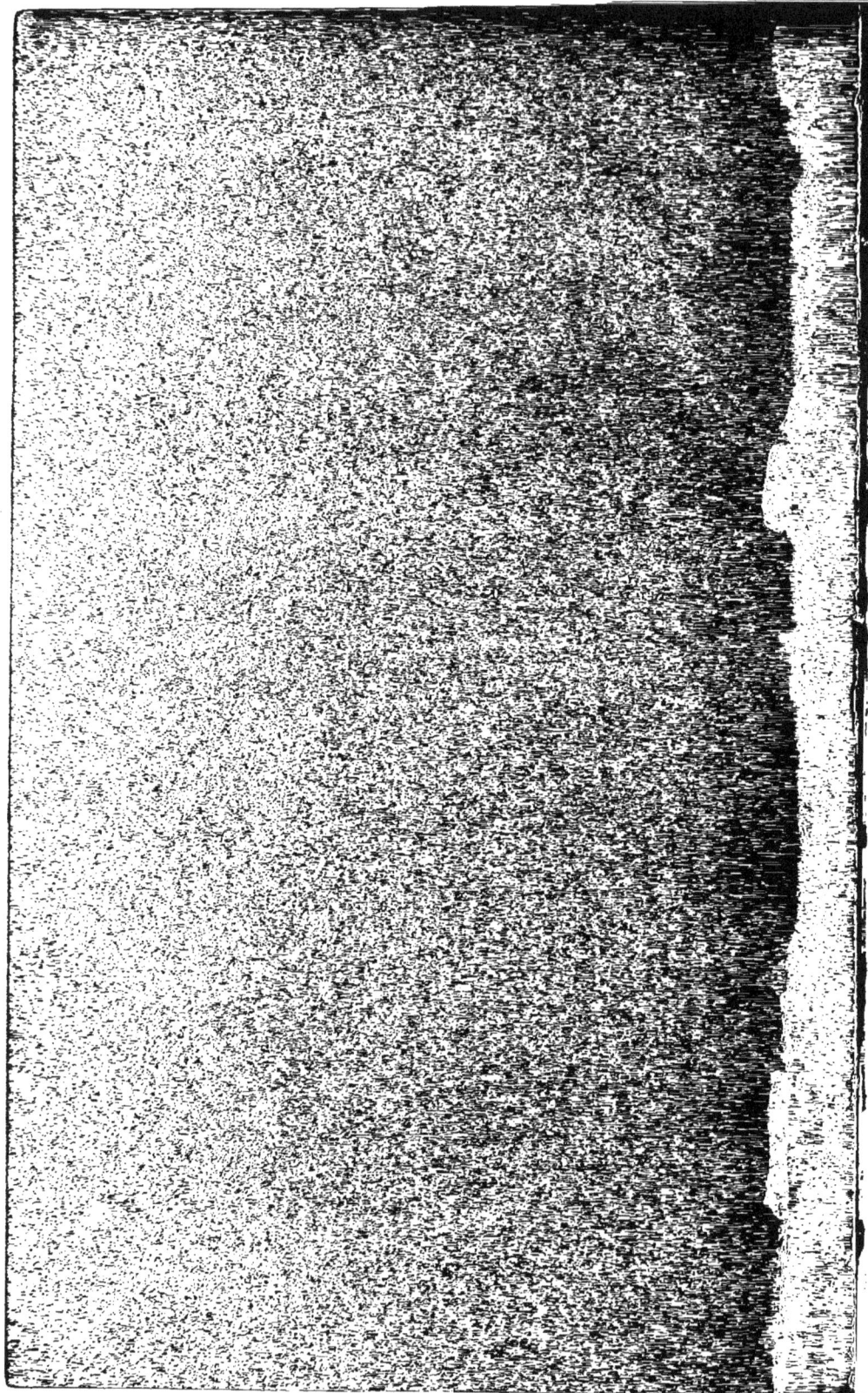

ARTILLERIE ANGLAISE

I. Bouches a feu. — Bouches à feu lisses. — Canons rayés se chargeant par la culasse. — Canons rayés se chargeant par la bouche. — Rayures *Shunt*, de Woolwich, française et française modifiée. — Détails de fabrication. — II. Affûts et voitures. — Affûts de campagne, de siége, de place et de côte. — III. Projectiles. — Projectiles lancés par les bouches à feu lisses : shrapnel, obus incendiaire *Martin, carcass*, balle éclairante. — Projectiles des canons rayés : obus ordinaire, obus à segments, double *shell*, shrapnel *Boxer*. — IV. Effets du tir. — V. Organisation. — Batteries. — Colonnes de parc. — Équipage de siége. — Établissements de l'artillerie.

I. BOUCHES A FEU (¹).

On divise souvent l'artillerie anglaise en artillerie *lourde* (*heavy*), moyenne (*medium*), et artillerie *légère* (*light*), la première classe comprenant les bouches à feu qui forment

---

(¹) *Mesures employées par l'artillerie anglaise.*

Longueurs. — Le pied anglais vaut $0^m,304795$; il se divise en 12 pouces; le pouce (*inch*) vaut $25^{mm},3995$. — 3 pieds font un *yard* ($0^m,9144$) et 1760 yards font 1 mille; le mille vaut $1^{km},60932$.

Poids. — La base des mesures de poids est la livre-avoir-du-poids qui vaut $453^g,593$ et se divise en 16 onces; 112 livres font 1 *hundredweight* (qui s'écrit *cwt* et peut se traduire par quintal); 20 cwt. font une tonne. Dans la pratique, on peut prendre 1 cwt. comme équivalent à 50 kil. (rigoureusement $50^{kg},8024$), et une tonne comme équivalente à 1000 kilog.

TABLE DE CONVERSION DES									
yards en mètres.		pieds en mètres.		pouces en millim.		livres en kilog.		onces en grammes.	
1	0,914	1	0,305	1	25,4	1	0,454	1	28
2	1,829	2	0,610	2	50,8	2	0,907	2	57
3	2,743	3	0,914	3	76,2	3	1,361	3	85
4	3,658	4	1,219	4	101,6	4	1,814	4	113
5	4,572	5	1,524	5	127,0	5	2,268	5	142
6	5,486	6	1,829	6	152,4	6	2,722	6	170
7	6,401	7	2,134	7	177,8	7	3,175	7	198
8	7,315	8	2,438	8	203,2	8	3,629	8	227
9	8,230	9	2,743	9	228,6	9	4,082	9	255
10	9,144	10	3,048	10	254,0	10	4,536	10	284

Abréviations usuelles. — Les auteurs anglais font un usage fréquent des abréviations suivantes, dont il est utile de connaître le sens :
M. L. (*Muzzle loading*) . . . . se chargeant par la bouche.

l'armement des gros navires, des batteries de côtes et des places; les deux autres comprenant les bouches à feu de siége, de campagne, de montagne et d'embarcation.

Dans cette étude, on adoptera de préférence la division en *bouches à feu lisses* et *canons rayés;* ceux-ci seront eux-mêmes subdivisés en *canons rayés se chargeant par la culasse*, et *canons rayés se chargeant par la bouche.*

1° BOUCHES A FEU LISSES.

Les bouches à feu lisses de l'artillerie lourde ou moyenne sont en fonte de fer; celles de l'artillerie légère sont en bronze. Elles se divisent en :

Canons proprement dits (*shotguns*); — Canons à projectiles creux (*shellguns*); — Obusiers (*howitzers*); — Mortiers (*mortars*).

Les shellguns diffèrent des obusiers en ce que les épaisseurs de métal sont plus fortes, la charge de tir moins réduite, et la trajectoire du projectile plus tendue; ils sont employés seulement à bord des navires.

Les canons lisses sont désignés par le poids de leur boulet en livres; les shellguns, les obusiers en fonte et les mortiers sont désignés par le diamètre de l'âme exprimé en pouces; les obusiers en bronze le sont par le poids du boulet plein du même calibre.

Une décision du 28 novembre 1865 a réformé un certain nombre de pièces lisses existantes et indiqué celles qui seraient conservées pour être employées concurremment avec les canons rayés. Il serait inutile de les citer toutes; car en comptant seulement les bouches à feu en fonte, on n'en trouve pas moins de 46; le tableau suivant fait connaître les principales :

B. L. (*Breech loading*) . . . . se chargeant par la culasse.
S. B. (*Smooth bore*) . . . . à âme lisse.
W. D. (*War department*) . . . . Département de la guerre.
L. S. (*Land service*) . . . . service de terre.
S. S. (*Sea service*) . . . . service de mer.
G. S. (*General service*) . . . . service général.
R. L. G. (*Rifle large grained powder*). poudre à gros grains pour canons rayés.
R. G. F. (*Royal gun factories*) . . . . . Manufactures royales de canons.
O. S. C. (*Ordnance select comittee*) . . . Comité d'artillerie.

BOUCHES A FEU.	Poids en kilogrammes.	CALIBRE en pouces.	en millimètres.	Longueur totale en mètres.	Charge en kilogrammes.	PORTÉE en mètres pour charge de	
Bouches à feu en fonte.							
Shellgun de 10 pouces.........	4420	10,0	254,0	2,845	5,447	255	1119
— de 8 pouces.........	3890	8,05	204,5	2,748	4,535	213	2180
— de 8 pouces.........	2740	8,05	204,5	2,455	3,663	205	1900
Canon de 68 liv.	4530	8,12	206,2	3,145	7,570	213	2058
— de 32 liv.	2950	6,375	161,3	2,915	4,510	366	2656
— de 32 liv. A...........	2540	6,375	161,9	2,748	3,630	315	2285
— de 24 liv.	2540	5,823	147,9	2,505	3,630	350	2340
— de 18 liv.	2130	5,292	134,4	2,748	2,720	420	1150
Obusier de 10 pouces	2130	10,0	254,0	1,524	3,175	»	1670
— de 8 pouces	1120	8,0	203,2	1,213	1,801	»	1120
Mortier de 13 pouces (marine)...	5080	13,0	330,2	1,041	9,075	400	
— de 10 pouces (id) ...	2640	10,0	254,0	1,155	4,311	815	
— de 13 pouces (terre).....	1830	13,0	330,2	1,000	4,082	2050	
— de 10 pouces (id.)	914	10,0	254,0	0,800	1,514	2700	
— de 8 pouces (id.)	457	8,0	203,2	0,640	0,907	1680	
Bouches à feu en bronze.							
Canon de 12 liv.	915	4,62	117,3	1,619	1,514	975	1650
— de 9 liv.	655	4,2	106,7	1,524	1,134	875	1600
— de 6 liv.	805	3,66	93,0	1,584	0,850	185	1400
— de 3 liv.	115	2,91	73,9	0,914	0,354	»	»
Obusier de 32 liv.	564	6,3	160,0	1,050	1,800	975	1280
— de 24 liv.	660	5,72	145,3	1,485	1,134	547	1375
— de 12 liv.	805	4,55	116,4	1,148	0,567	255	1160
Mortier de 5½ p. (dit Mortier royal)	64	5,62	142,7	0,384	0,158	»	»
— de 4½ p. (à la Cohorn)...	38	4,52	114,8	0,323	0,142	»	»
Canon de 150 liv. (en fer forgé)...	12200	10,5	266,7	3,784	15,140	»	»
— de 100 liv. (en fer et acier).	6850	9,0	228,6	3,124	11,340	»	»

2° CANONS RAYÉS SE CHARGEANT PAR LA CULASSE.

Les canons rayés, quel qu'en soit le mode de chargement, sont désignés par la réunion de deux chiffres représentant l'un le *calibre*, l'autre le *poids* de la bouche à feu. Le *calibre* est exprimé par le poids effectif de l'obus ordinaire si le diamètre de l'âme est moindre que 7 pouces, et par ce diamètre lui-même s'il est égal ou supérieur à 7 pouces ; le diamètre dont il s'agit ici est celui du plus gros boulet sphérique pouvant entrer dans l'âme. Le *poids*

est exprimé en tonnes pour les calibres de 7 po. et au-dessus, et en cwt. (quintaux) pour ceux au-dessous. De plus,
l'abréviation B. L. (se chargeant par la culasse), ou M. L.
(se chargeant par la bouche) accompagne toujours la
désignation qui, en définitive, se présente ainsi : 40 *pr.* ([1])
B. L. gun of 32 cwt.

Les canons se chargeant par la culasse ont été construits de 1859 à 1867, d'après les idées de Sir W. Armstrong; mais on a cessé d'en fabriquer en 1868, et on avait
même songé à les transformer, suivant le système qui a
la préférence depuis cette époque, au chargement par la
bouche ; on trouvait qu'ils étaient plus compliqués, au
point de vue de la fabrication, du service et des munitions,
et n'avaient pas de supériorité au point de vue de la portée
et de la justesse. Toutefois, comme cette transformation
aurait coûté aussi cher que l'établissement de canons
neufs, comme les canons Armstrong ne sont pas sans
mérite et qu'on en possède un nombre considérable, on
s'est décidé à les conserver; ils constituent encore la partie principale du matériel de campagne et de siége, et à
ce titre doivent être décrits en détail.

Mécanisme de culasse. Le fond de l'âme est fermé par
une pièce mobile dite *culasse mobile porte-lumière* (voyez
pl. VIII, fig. 1, *c.*). C'est un prisme en étoffe de fer ou
d'acier qui s'introduit dans une mortaise verticale pratiquée
à la partie postérieure du canon, et qui est maintenu à
l'arrière par une grosse vis de pression, dite *vis creuse*
(fig. 1, *d*), percée, suivant son axe, d'un trou cylindrique
dont le diamètre est égal à celui de l'âme. La face antérieure de cette culasse mobile, revêtue d'un anneau en
cuivre façonné en tronc de cône, s'ajuste dans la fraisure
tronconique d'une garniture en cuivre vissée à l'orifice
de l'âme ; sa face postérieure porte une saillie circulaire
qui, s'engageant dans le vide cylindrique de la vis de

([1]) 40 pr. c'est-à-dire 40 pounder, de 40 livres.

culasse, l'empêche d'être projeté par l'effet de la pression des gaz, même quand la vis n'aurait pas été serrée tout à fait à fond. Pour introduire le chargement par le trou cylindrique de la vis creuse, on soulève la culasse mobile, qui est munie, suivant le calibre, d'une ou de deux poignées à charnières. Cette manœuvre est faite par un homme pour les canons de petit calibre, et par deux hommes, s'aidant au besoin d'un levier, pour ceux de calibre plus élevé. Le canal de lumière est creusé dans un grain en cuivre qui n'existe qu'à la partie supérieure de la culasse mobile; le canal se recourbe ensuite horizontalement et débouche au centre du fond de l'âme; lorsqu'il est trop agrandi, on change la culasse mobile.

La vis de culasse en acier trempé à l'huile (excepté pour les canons de 7 pouces, où elle est formée de deux parties, fer et acier) se meut dans un manchon de culasse; elle est manœuvrée au moyen d'un bras de balancier qui fait corps avec un anneau tournant librement sur l'extrémité postérieure de la vis. Cet anneau porte une dent qui, venant frapper alternativement contre deux autres fixées au corps de la vis, permet de la faire tourner et de lui imprimer dans un sens ou dans l'autre un choc de départ très-utile, soit pour la serrer à fond, soit pour la desserrer; une pareille disposition a été adoptée pour la vis de serrage du canon à balles français. Dans les canons de gros calibre, le balancier a deux bras terminés par des boules qui en augmentent le moment d'inertie.

Tel est le mode de fermeture qui se voit dans la plupart des canons Armstrong. Toutefois quelques-uns, qui seront indiqués ci-après, sont fermés suivant un système tout à fait différent, dit *système à coin* (*wedge*). Comme ils sont en petit nombre, nous ne nous arrêterons pas sur ce dernier mode de fermeture ([1]).

([1]) On en trouvera la description détaillée dans le *Rapport de la Commission militaire de l'Exposition universelle de 1867* (p. 742), et le dessin dans la *Revue maritime et coloniale* (juin 1868).

Forme de l'âme. Les rayures sont en *dents de scie* (fig. 2), et leur nombre augmente, avec le calibre, depuis 36 jusqu'à 76 ; elles ont une section et une inclinaison uniformes sur toute la longueur de l'âme. Le projectile se force dans ces rayures : il est entouré à cet effet d'une enveloppe en métal mou fixé sur la fonte par le procédé chimique décrit précédemment à propos du shrapnel prussien.

L'âme a quatre diamètres différents correspondant : — à l'emplacement de la charge, — à celui du projectile, — à un étranglement qui se trouve en avant du projectile et le force à entrer régulièrement dans les rayures, — enfin à la partie antérieure où le diamètre est supérieur de $0^{po},005$ ($0,^{mm}13$) à celui de l'étranglement.

Fabrication. Les canons Armstrong sont en fer forgé. On a cherché à augmenter leur résistance à l'éclatement en faisant comprimer les couches enveloppées par les couches enveloppantes, ce qui force celles-ci à participer au travail des premières pendant le tir en proportion plus forte que dans un canon simple. Cette idée, qui est de l'anglais Blakeley, a été réalisée par Sir Armstrong de la manière suivante :

Le canon se compose (fig. 3) d'un tube, appelé tube *A*, formant la surface de l'âme, et recouvert de un à six *manchons* suivant le calibre.

Chaque *manchon* '*coil*) s'obtient en enroulant en hélice, autour d'un mandrin, un barreau de fer chauffé au rouge ; l'enroulement terminé, on retire le mandrin, on chauffe de nouveau le manchon et on le porte sous le marteau-pilon pour souder les spires ensemble ; on le bat d'abord debout, puis couché en mettant dans l'intérieur un mandrin de diamètre un peu plus petit.

Le tube *A* est formé de plusieurs manchons soudés bout à bout ; on ne le fait pas d'une seule pièce parce qu'il serait trop difficile de retirer ensuite le mandrin. Dans quelques-uns des premiers canons construits, il avait été obtenu en forant un cylindre massif de fer forgé, mais la résistance est alors bien moindre à raison de la direction longitudinale des fibres.

Après avoir alésé avec soin le manchon qui doit entourer ce premier tube, on mesure ses diamètres intérieurs à un millième de pouce près et de 12 en 12 pouces (à un quarantième de millimètre près et de 30 en 30 centimètres). On ajoute à chacun de ces diamètres le serrage diamétral (*shrinkage*) qu'on veut obtenir, et qui doit être calculé de manière à n'atteindre ni la tension pour laquelle le manchon se romprait, ni la compression pour laquelle le tube intérieur serait écrasé. On tourne alors le tube en lui donnant pour diamètres extérieurs les nombres ainsi obtenus ; puis on chauffe le manchon pour le dilater et rendre ses diamètres intérieurs un peu plus grands que ceux du tube ; enfin on le glisse sur celui-ci, dans l'intérieur duquel circule un courant continu d'eau froide pour qu'il ne s'échauffe pas lui-même. En se refroidissant, le manchon se contracte et comprime le tube.

Chacun des manchons successifs est posé de la même manière sur celui qui le précède (¹).

(¹) Les considérations suivantes, qui résultent des théories de M. Lamé, rendent compte du bénéfice que procure, au point de vue de la résistance, ce serrage des manchons les uns par les autres.

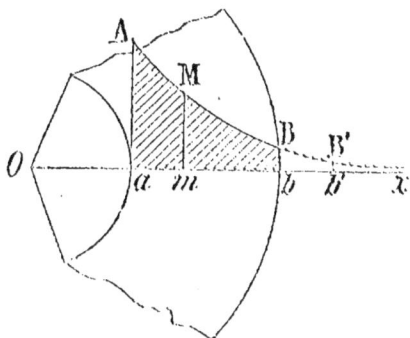

Prenons d'abord un canon homogène, non fretté, et soient r_0 le rayon de l'âme, r_1 le rayon extérieur à l'emplacement de la charge, p_0 la pression qui s'exerce sur la paroi de l'âme au moment du tir, t la tension tangentielle, que sup-

Un des manchons se prolonge du côté de la culasse au delà du tube A, et est taraudé en écrou pour recevoir la vis creuse ; il est forgé avec les fibres *parallèles à l'axe* afin qu'il résiste à l'effort de déculassement. Un autre manchon reçoit les tourillons et est forgé de la même manière parce qu'il a aussi à résister à des efforts longitudinaux. Ces deux manchons ne sont pas comptés dans la série des coils, ou sont comptés à part.

Un guidon est fixé sur chaque tourillon et la ligne de mire peut être établie à volonté, soit à droite, soit à gauche.

Canons rayés en service, se chargeant par la culasse. — Les canons construits suivant le système qui vient d'être décrit sont les suivants :

porte alors par unité de surface une fibre circulaire de rayon $Om = x$. Élevons en m une perpendiculaire de longueur $mM = t$; le lieu des points M est une courbe AMB ayant pour équation

$$t = p_0 \left(\frac{r_1^2}{r_0^2} - 1 \right)^{-1} \left(\frac{r_1^2}{x^2} + 1 \right) = f_0(x)$$

et dont l'aire $aA\,Bb$ représente la moitié de la résistance du tube, de sorte que l'équation d'équilibre est $p_0 \times 2r_0 = 2 \int_{r_0}^{r_1} t\, dx$. Cette courbe s'abaisse très-rapidement vers l'axe Ox, et au delà d'un certain point b, l'accroissement de résistance $2.\,bB\,B'\,b'$ fourni par une augmentation bb' de l'épaisseur est insignifiant, tandis que l'augmentation correspondante du poids de la bouche à feu est énorme. La couche formant la paroi intérieure est celle qui supporte la plus grande tension $t_0 = f_0\,(r_0)$, et en égalant cette valeur à la limite de ténacité du métal, on en déduira la pression p_0 que les gaz de la poudre ne doivent pas dépasser. Pour une épaisseur *infinie*, on aurait $p_0 = t_0$, de sorte qu'il est *impossible*, avec une bouche à feu simple, de maîtriser des pressions dépassant cette limite.

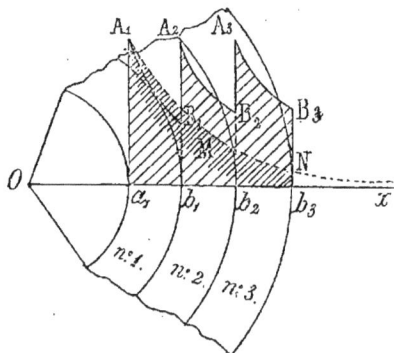

Supposons maintenant que le tube ab soit entouré par un autre exerçant sur sa

Canons de 7 pouces (calibre 177^mm,8). Il y en a deux, l'un de 72 cwt. (quintaux), l'autre de 82. Le premier avait été adopté en 1859 comme canon de marine, mais on en construisit fort peu, parce qu'il se trouva trop léger et donnait un recul trop considérable ; il n'est employé actuellement que comme canon de place, mais il est question d'en faire aussi un canon de siége. Le second, adopté en 1861, est employé dans le service de terre comme canon de place, et dans celui de mer comme canon de batterie ou à pivot, mais il n'a pas assez de puissance contre les cuirasses des navires, et on le remplace peu à peu par le canon de 7 pouces du poids de six tonnes et demie, se chargeant par la bouche.

Canon de 64 liv. pesant 64 cwt. (calibre 162^mm,6). — Ce canon, muni d'une fermeture du système *à coin*, fut adopté en 1864 pour la marine qui, dès cette époque, se montrait mécontente de l'autre système. De tous les canons Arms-

---

surface extérieure de rayon r_1 une pression p_1; la loi des tensions aux différents points de son épaisseur a alors une nouvelle forme, savoir :

$$t = p_0 \left(\frac{r_1^2}{r_0^2} - 1 \right)^{-1} \left(\frac{r_1^2}{x^2} + 1 \right) - p_1 \left(1 - \frac{r_0^2}{r_1^2} \right)^{-1} \left(\frac{r_0^2}{x^2} + 1 \right) = F_0(x),$$

et la loi exprimée par notre première équation s'appliquera au tube enveloppant, si celui-ci n'est pas comprimé lui-même.

Considérons enfin un canon formé de n tubes que nous désignerons respectivement, à partir de l'intérieur, par les n°s 1, 2, 3... n, et soient t_i la limite de ténacité du métal qui forme le tube n^oi, r_i le rayon de sa surface extérieure, p_i la pression exercée sur cette surface par le tube suivant. La loi des tensions, dans l'épaisseur totale du canon, sera représentée par une courbe discontinue $A_1 B_1 A_2 B_2 A_3 B_3$.... dont les fragments correspondant aux tubes successifs ont respectivement pour équations

$$t = F_0(x), \quad t = F_1(x), \, t = F_{n-1}(x), \quad t = f_n(x).$$

où l'on a désigné par F_i et f_i ce que deviennent les fonctions F_0 et f_0 quand on y remplace les indices 0 et 1 de r et de p, par $i - 1$ et i. *La résistance du canon sera donc égale à la surface* $a_1 A_1 B_1 A_2 B_2 A_3 B_3 a_3 a_1$, *alors que pour le canon simple de même épaisseur totale, elle serait seulement égale à la surface* $a_1 A_1 M N b_3 a_1$.

Pour avoir le maximum de résistance, on déterminera les valeurs p_i de proche en proche, à partir du tube *extérieur*, par la condition que la valeur $f_n (r_{n-1})$ relative à celui-ci soit égale à f_n et que la valeur $F_i (r_{i-1})$ relative à un quelconque des autres soit égale à t_i : on obtiendra successivement chaque valeur p_i en fonction des deux valeurs déjà calculées p_{i+1} et p_{i+2}, et la dernière valeur p_0 sera la plus grande pression qu'il soit permis de faire acquérir aux gaz de la poudre.

Il faudra vérifier ensuite que la compression de la paroi de l'âme, pendant les périodes de repos de la bouche à feu, ne dépasse pas la limite de la résistance à l'écrasement, et c'est cette condition qui met une borne à la puissance des canons, pour un calibre donné.

trong, il est le seul ayant un bourrelet à l'extrémité de la volée.

Canons de 40 liv. (calibre 120^{mm},6). — Il y en a deux, l'un de 32 quintaux adopté en 1859, l'autre de 35 adopté en 1860. Ils sont employés l'un et l'autre dans la marine et dans le service de terre : ils figurent dans ce dernier comme pièces de position et comme pièces de siége. Un des canons de 35 cwt. avait tiré à Shœburyness, à la date du 1er juin 1871, 4 038 coups et était en bon état de service ; un autre, à bord du navire *Excellent*, avait tiré 5 615 coups.

Il existe aussi quelques canons du calibre de 40 liv. et du poids de 32 quintaux, avec fermeture *à coin*; ils ont été introduits en 1860 dans le service de la marine, qui trouvait que le mécanisme de la vis creuse prenait trop de longueur dans un vaisseau étroit.

Canons de 20 liv. (calibre 95^{mm},2). — Il y en a trois, pesant respectivement 16, 15 et 13 quintaux. Le premier forme l'armement des *batteries de campagne lourdes ;* le second, un peu plus court, est employé à bord des vaisseaux, et enfin le troisième, beaucoup plus court, est *un canon de campagne de marine.*

Canon de 12 liv. pesant 8 cwt., et canon de 9 liv. pesant 6 cwt. (calibre commun 76^{mm},2). — Le premier, adopté en 1858, transformé en 1863, forme l'armement des batteries à pied ; le second (1862), celui des batteries à cheval. Ils sont aussi employés dans la marine comme canons de campagne.

Canon de 6 liv. pesant 3 cwt. (calibre 63^{mm},5). — Adopté en 1858 comme canon de montagne, mais ayant été trouvé trop lourd pour être porté à dos de mulet, il n'est plus employé que dans la marine et les colonies.

Le tableau suivant fait connaître les principales données relatives à ces bouches à feu.

| BOUCHES A FEU. | CALIBRE. (mm) | LONGUEUR | | | | | DIAMÈTRE | | Pas, en calibres. | RAYURES. | | | | Prépondérance de culasse. (kil.) | Nombre de bouches à feu existantes. |
		du logement de la charge. (mm)	du logement du projectile. (mm)	nominale (non compris la vis creuse). (mèt.)	de la bouche à l'axe de la tranche des tourillons. (mèt.)	des tourillons à l'axe de la culasse. (mèt.)	à l'emplacement de la charge. (mm)	à la bouche. (mm)		Nombre.	Profondeur. (mm)	Largeur. (mm)	Largeur des cloisons. (mm)		
Avec vis creuse.															
7 po. { de 82 cwt. (LS et SS)……	177,8	406,4	228,6	3,048	1,807	1,151	704	330,2	37	76	1,5	4,2	3,1	350	883
de 72 cwt. (LS)……	177,8	362,0	228,6	2,997	1,810	1,187	627	330,2	37	76	1,5	4,2	3,1	406	76
40 liv. { de 35 cwt. (LS et SS)……	120,6	342,9	177,8	3,073	1,877	1,196	417	196,8	36½	56	1,5	4,2	2,5	241	819
de 32 cwt. (LS et SS)……	120,6	342,9	177,8	3,048	1,877	1,171	418	196,8	36½	56	1,5	4,2	2,5	276	194
20 liv. { de 16 cwt. (LS)……	95,2	304,8	152,4	2,438	1,509	0,927	317	152,4	38	44	1,5	4,2	2,5	106	89
de 15 cwt. (SS)……	95,2	279,4	152,4	1,680	1,003	0,677	343	158,7	38	44	1,5	4,2	2,5	75	31
de 13 cwt. (SS)……	95,2	279,4	152,4	1,680	1,016	0,664	317	152,4	38	44	1,5	4,2	2,5	74	292
12 liv. de 8 cwt. (LS et SS)……	76,2	215,9	76,2	1,829	0,984	0,944	248	146,0	38	38	1,14	3,8	2,5	90	701
9 liv. de 6 cwt. (LS et SS)……	76,2	177,8	177,8	1,575	0,927	0,648	244	134,6	38	38	1,14	3,8	2,5	37	266
6 liv. de 3 cwt. (LS etSS)…….	63,5	177,8	63,5	1,527	0,940	0,587	178	95,2	30	32	1,14	3,8	2,5	25	98
Fermeture à culot.															
64 liv. de 61 cwt. (LS)……	162,6	368,3	203,2	2,794	1,740	1,054	615	358,0	40	70	1,5	4,2	3,0	279	101
40 liv. de 32 cwt. (SS)……	120,6	342,9	177,8	2,489	1,620	0,869	488	196,8	36½	56	1,5	4,2	2,5	142	52

Observation. { LS veut dire : service de terre (*land service*);
SS veut dire : service de mer (*sea service*);

Total de la dernière colonne : 3 602.

3° CANONS RAYÉS SE CHARGEANT PAR LÀ BOUCHE.

Systèmes de rayures. — Bien qu'ayant adopté le chargement par la culasse pour l'artillerie légère et moyenne, les Anglais ont toujours conservé le chargement par la bouche pour la grosse artillerie, le système Armstrong n'ayant pu y être adapté dans des conditions satisfaisantes.

Ces canons ont une rayure, appelée *rayure de Woolwich* (pl. VIII, fig. 4), analogue à celle de la marine française, modèle 1860, dite en *anse de panier*. Sa largeur est la même pour tous les canons à partir de celui de 7 pouces. Dans les canons construits depuis 1865, elle est *progressive*, c'est-à-dire que sa direction, coïncidant au fond de l'âme avec celle des génératrices, s'en écarte graduellement jusqu'à la bouche ; mais il paraît se manifester aujourd'hui une tendance à revenir à la rayure uniforme. La chambre est souvent un peu tronconique (pl. VIII, fig. 8).

Vers 1866, lorsque commença à se généraliser la réaction qui a fini par faire abandonner le chargement par la culasse, on construisit quelques bouches à feu rayées suivant un nouveau système proposé par Armstrong et appelé système *du shunt* ou *à chargement automatique*. *Shunt* est un mot anglais emprunté au vocabulaire technique des chemins de fer, où il désigne le dispositif au moyen duquel s'opèrent les changements de voie ; dans la rayure Armstrong (fig. 5), il désigne une portion oblique $D\,E$ du flanc de chargement, laquelle raccorde la partie antérieure $B\,D$ de la rayure avec sa partie postérieure $E\,F$ plus étroite. La partie antérieure se compose, à proprement parler, de deux rayures jumelles, l'une large et profonde, dans laquelle l'ailette du projectile entre librement jusqu'à la partie rétrécie ; l'autre étroite et moins profonde, qui est adjacente au flanc de tir et que l'ailette parcourt quand le projectile sort de la pièce ; le shunt a pour effet de rejeter l'ailette du côté du flanc de tir, et c'est cet effet qui a été comparé à un changement de voie. La *rayure* de tir s'appuie sur celle de chargement par un petit talus parallèle au flanc, et elle commence par une rampe douce $m\,n$ que l'ailette doit gravir ; celle-ci, avant d'arriver à la bouche de la pièce, se trouve donc comprimée à la fois par le fond et par le flanc de la rayure. Des canons de 13 po., de 64 liv. et de 12 liv. ; avaient été construits avec la rayure *sunht*, mais le deuxième seul subsiste

encore ; on a fait à ce système les reproches suivants :
1° il manque de simplicité ; 2° le projectile est soumis à
un accroissement de résistance lorsqu'il a déjà acquis une
grande vitesse ; 3° la multiplication des arêtes et des angles
compromet la résistance du canon.

La rayure adoptée aujourd'hui pour les canons de l'artillerie légère ou moyenne, et qu'on appelle *rayure française modifiée*, se compose (fig. 6) d'un fond légèrement
excentrique, d'un flanc de tir faisant avec le prolongement du rayon un angle de 70°, et d'un flanc de chargement dont le prolongement fait avec celui du flanc de tir
un angle de 90° ; les deux flancs sont raccordés avec le
fond par des arrondissements ; le pas est uniforme. La
rayure française non modifiée a été adoptée pour le 7 pr.
R. M. L. en acier.

Fabrication. Jusqu'en mars 1868, les canons se chargeant par la bouche ont été construits suivant les mêmes
principes que ceux qui se chargent par la culasse, mais
depuis cette date un nouveau mode de fabrication, dit procédé Fraser, est employé exclusivement. Il diffère de
celui d'Armstrong : 1° en ce que l'âme est formée par un
tube en acier, 2° en ce qu'au lieu d'un certain nombre de
manchons minces et courts on n'en fait qu'un seul beaucoup plus épais. Ce nouveau manchon est lui-même formé
par l'enroulement d'une forte barre sur laquelle on en a,
au besoin, enroulé une seconde et même une troisième,
en changeant de sens à chaque fois, de manière à contra-
rier les joints ; c'est ce que nous appellerons manchon à
simple, double ou triple enroulement (double coil, triple
coil). En tous cas, le manchon complet s'obtient par une
simple opération de forge, et la surface totale à aléser ou
à tourner est beaucoup moindre que dans le premier système, où tous les manchons devaient être exécutés avec
autant de fini et de précision les uns que les autres ; en
outre, il faut faire moins de va-et-vient entre les fourneaux

où l'on dilate les manchons et le tour sur lequel on les travaille. On réalise ainsi une économie qui s'élève à 40 %.

On se rendra compte de la différence entre les deux modes de fabrication au moyen des fig. 7 et 8 (pl. IX), qui représentent le canon de 7 po. 7 tonnes, la première, tel qu'on le construisait avant 1855; la seconde, tel qu'on le construisait depuis 1868. Pour bien faire comprendre la méthode Fraser, nous la décrirons en supposant qu'il s'agisse de ce canon.

Le canon se compose — du tube intérieur *en acier*, dit tube A, — du tube B, qui en entoure la partie intérieure et qu'on appelle quelquefois la *culotte*, — du manchon de culasse, appelé aussi la *jaquette*, — enfin de la vis de culasse.

Le tube A est obtenu au moyen d'un bloc d'acier, foré et tourné aux dimensions prescrites, une des extrémités restant pleine pour former le fonds de l'âme ; ce travail demande environ 60 heures. Le tube est ensuite chauffé pendant 4 ou 5 heures, puis plongé brusquement dans un bain d'huile, où on le laisse refroidir jusqu'au lendemain ; la trempe lui a donné de la dureté, mais elle a pu le déjeter ou en fendiller la surface, de sorte qu'il faut le passer une seconde fois au tour, ce qui ne demande pas moins de 25 heures, le métal étant devenu beaucoup plus dur. Afin de s'assurer qu'il ne reste plus de crevasse, même imperceptible, on le soumet ensuite à l'*épreuve de l'eau*, c'est-à-dire à une pression hydraulique de trois tonnes et demie par pouce carré (550 kil. par centimètre carré). Il a alors la forme représentée fig. 9, *a*.

Le tube B est formé de deux manchons soudés bout à bout. Il est appliqué à chaud sur le tube A, de la manière qui a été décrite plus haut, et le *shrinkage*, ou serrage diamétral, est de $0^{po},003$ ($0^{mm},076$) à la bouche, de $0^{po},022$ ($0^{mm},558$) à l'autre extrémité.

La fig. 9, *b* représente cette succession d'opérations.

La jaquette (fig. 9, c) est composée d'un manchon à triple enroulement formant l'arrière, d'un anneau porte-tourillon et d'un manchon à double enroulement formant l'avant. Quand ces trois parties ont été soudées ensemble, on fore à l'extrémité l'écrou de la vis de culasse ; on pose ensuite la jaquette suivant les mêmes principes que le tube B.

La vis de culasse (fig. 9, d) est en fer de première qualité. Une gorge annulaire est creusée autour de sa tête et correspond avec un canal coudé par lequel les gaz sortent lorsque le tube A est détérioré, ce qui fait connaître qu'il y aurait danger à maintenir la pièce en service. Dans les canons construits avant le mois de septembre 1869, ce canal débouchait au-dessous du bouton de culasse (voy. fig. 7), mais depuis cette époque on le fait déboucher à sa droite afin qu'il soit plus apparent.

Dans les canons de calibre inférieur à celui de 40 liv., il n'y a pas de vis, et le bouton de culasse est formé par l'extrémité du tube A.

Canons en fonte transformés. Des études poursuivies depuis 1863 par le major Palliser, en vue de transformer d'anciens canons lisses en fonte en canons rayés se chargeant par la bouche, ont conduit à une fabrication qui a été officiellement adoptée en 1868, et qui, à la fin de 1871, avait déjà fourni 1100 bouches à feu.

Les premières transformations ont porté sur des canons de 8 po. 65 cwt., changés en canons de 64 liv. 71 cwt. (voy. pl. VIII, fig. 10). L'âme du canon en fonte est forée du diamètre de 203^{mm},2 à celui de 266^{mm},7, et on y introduit un tube en fer forgé. Ce tube, formé de 5 manchons soudés bout à bout, comme il a été dit plus haut, est alésé au diamètre de 160^{mm} et fermé à une de ses extrémités par un bouchon à vis ; puis on le diminue d'environ la moitié de son épaisseur à partir de cette extrémité et sur une longueur de 813^{mm}, pour y poser un deuxième tube

(tube B) avec un serrage diamétral de $\frac{1}{300}$ de pouce. A la bouche, l'épaisseur du tube est légèrement diminuée pour l'introduction d'un collier en fonte qui sert à l'assujettir et qui est vissé dans l'enveloppe en fonte; en outre, une vis en fer forgé, placée un peu en avant des tourillons, l'empêche de tourner.

Des canons lisses en fonte de 32 liv. 58 cwt., — 32 liv. 56 cwt., — 68 liv. 95 cwt., ont été transformés de la même manière en canons rayés de 64 liv. 58 cwt., — 64 liv. 56 cwt., — 80 liv. 5 tonnes.

Canons rayés se chargeant par la bouche actuellement en service. — Ceux de l'artillerie moyenne ou légère sont les suivants : ·

Canons de 64 liv. 64 cwt. Tous les canons de ce calibre, construits avant le mois de janvier 1871 étaient rayés suivant le système du *shunt*; ceux qu'on fabrique depuis, et ceux dans lesquels on est obligé de remplacer le tube, reçoivent une rayure particulière appelée *plain-groove* (rayure unie), qui n'est autre chose que la rayure shunt dans laquelle on aurait rasé le ressaut.

Canon de 40 liv. 35 cwt. (en expérience). Il se construit comme il a été dit plus haut, seulement les deux manchons qui composent la jaquette sont à simple enroulement; rayure plain-groove. Ce canon a été proposé en 1871 comme canon lourd de siége et de position.

Canon de 25 liv. 22 cwt. (en expérience). Même construction, sauf l'absence de la vis de culasse. Proposé en 1871 comme canon léger de siége et de position.

Canon de 25 liv. 22 cwt. (en expérience). Même construction, sauf l'absence de la vis de culasse. Proposé en 1871 comme canon léger de siége et de position.

Canon de 16 liv. 12 cwt. N'est composé que de deux parties : un tube en acier trempé et une jaquette formée par

deux manchons simples et un anneau porte-tourillon ;
l'acier est à découvert jusqu'à 775 millim. de la bouche.
— Rayure française modifiée (fig. 6), avec pas uniforme
de 30 calibres.

Canon de 9 liv. 8 cwt. (fig. 11). — Semblable au précédent,
mais a en plus un bourrelet de volée avec masse de mire.
Le bourrelet fait corps avec le tube d'acier, excepté dans
les premières constructions, où il est formé par un anneau
en fer forgé vissé sur le tube. — La hausse n'est graduée
qu'en degrés : une planchette en cuivre, fixée sur le côté
droit de la pièce, fait connaître les portées ainsi que les
données nécessaires pour la graduation de la fusée.

Ces deux derniers canons, adoptés en 1870, sont les
nouvelles pièces de l'artillerie de campagne : l'un doit
armer les batteries à cheval et une partie des batteries
montées, l'autre le reste de ces batteries.

Canon de 9 liv. 5 cwt. — Ne diffère du précédent que par
la longueur et le poids ; n'a pas de bourrelet ; adopté en
1870 pour le service de mer.

Canon de 9 liv. 8 cwt. en bronze. — Ce canon a été adopté
en 1870 pour le service des Indes ; il a les mêmes munitions que les deux précédents.

Canons de 7 liv. — Il y en a cinq modèles, deux en *bronze*
et trois en *acier ;* ce sont des canons de montagne et de
chaloupe.

Le tableau suivant fait connaître les données principales relatives aux canons rayés, se chargeant par la
bouche, actuellement en service, de l'artillerie légère ou
moyenne :

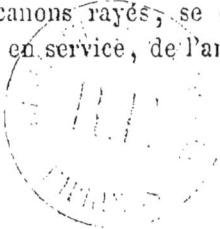

JOUFFRET.   2

CANONS.	CALIBRE.	LONGUEUR			RAYURES (à pas constant).					PRÉPONDÉRANCE.
		du canon.	de l'âme.	de la partie rayée.	Système.	Pas en calibres	Nombre.	Profondeur.	Largeur.	
	millim.	mètres.	mètres.	mètres.				millim.	millim.	Kilog.
Canons en fer forgé.										
de 64 liv., 64 cwt. SS. { n° 1	160,0	2,832	2,489	2,209	shunt.	40	8	2,8 et 2,0	15,2 et 10,2	855
n° 2	id.	2,870	2,489	2,299	id.	40	8	id.	id.	152
n° 3	id.	2,832	2,477	2,290	id.	40	8	id.	id.	155
de 40 liv., 35 cwt. n° 1	120,6	2,488	2,172	1,842	plain-groove.	35	8	2,5	20,3	18
de 25 liv., 29 cwt. n° 1	101,6	2,013	1,829	1,489	id.	35	8	2,5	20,3	8
de 16 liv., 12 cwt. n° 1	91,4	1,891	1,737	1,474	français modifié.	30	8	2,8	20,3	8
de 9 liv. { 8 cwt. LS; n° 1	76,2	1,740	1,613	1,519	id.	30	8	2,8	20,3	8
6 cwt. SS; n° 1	id.	1,478	1,346	1,253	id.	30	8	2,8	20,3	1
Canons en bronze ou en acier.										
de 9 liv., 8 cwt. en bronze, LS.	id.	1,701	1,613	1,519	id.	30	3	2,8	20,3	4 (n° 3)
150 lbs. (acier), n°s 1, 2, 3	id.	0,673	0,610	0,559	français.	20	8	2,5	15,2	2 (n°s 1,2)
de 7 liv. { 200 lbs. (bronze), n° 2	id.	0,914	0,817	0,741	id.	20	8	2,5	15,2	20
224 lbs. (bronze), n° 3	id.	0,914	0,864	0,813	id.	20	8	2,5	15,2	2
Canons en fonte tals										
de 64 liv. { 71 cwt. LS et SS; n° 1	160,0	2,743	2,698	2,445	plain-groove.	40	8	2,9	15,2	820
58 cwt. LS; n° 1	id.	2,895	2,754	2,576	id.	40	8	2,9	15,2	—
de 80 liv. 5 tonnes; LS; n° 1	id.	3,048	2,877	2,700	Woolwich.	40	3	8,6	33,0	—

Observation. — LS. veut dire : *service de terre.* — SS : *service de mer.*

Les canons qui composent la grosse artillerie sont les suivants:

Canons de 7 po. — Ils sont de deux poids différents : 6 tonnes et demie et 7 tonnes. Le premier fut adopté en 1865 comme canon de batterie ou à pivot pour frégates, en remplacement des canons de 7 po. se chargeant par la culasse et de 68 lisses. Le second est employé uniquement pour la défense des côtes.

Canon de 8 po. 9 tonnes. — Canon de marine adopté en 1866.

Canon de 9 po. 12 tonnes. — Adopté en 1865 pour l'armement des navires cuirassés et des batteries de côte.

Canon de 10 po. 18 tonnes. — Id. — Il forme l'armement de l'*Hercule*.

Canon de 11 po. 25 tonnes. — Adopté pour les navires à coupole ; est employé aussi pour la défense des côtes.

Canon de 12 po. 25 tonnes. — Adopté pour les navires à tourelle et la défense des côtes.

Canon de 13 po. 23 tonnes. — Employé seulement dans le service de terre. Le fameux *Big-Will* (*Gros-Guillot*) est un canon de ce calibre.

Canon de 12 po. 35 tonnes. — Canon de marine adopté en 1871 pour agir non-seulement contre les cuirasses des navires, mais encore contre les fortifications en fer des côtes.

Presque tous ces calibres comportent plusieurs modèles qu'on distingue par des numéros et qui proviennent des variations qu'a subies le mode de fabrication. Le tableau suivant fait connaître ces divers modèles ; ils y sont désignés par des chiffres romains et on a indiqué par un astérisque ceux qui ont été adoptés en dernier lieu pour les constructions futures ; les chiffres arabes inscrits entre parenthèses indiquent, pour les modèles qu'on ne construit plus, le nombre de pièces en service.

Un second tableau fait connaître les principales données relatives à ces bouches à feu.

CALIBRE.	CONSTRUCTION primitive.	1re modification FRASER, où se trouve un manchon à fibres longitudinales.	Modification FRASER (avec un seul manchon).	Modification FRASER (avec deux manchons).
7 po., 6 1/2 tonnes	I. (331)	II. (20)	III. (*)	»
7 po., 7 tonnes	I. (51)	II. (2)	III. (*)	»
8 po., 9 tonnes	I. (76)	II. (6)	III. (*)	»
9 po., 12 tonnes	I. (190)	II. (26)	III. (136)	IV. V*
10 po., 18 tonnes	»	»	I. (18)	II*
11 po., 25 tonnes	»	»	I. (7)	II*
12 po., 25 tonnes	I. (4)	»	»	II*
13,05 po., 23 tonnes	I. (3)	»	»	»
12 po., 35 tonnes	»	»	»	I*

BOUCHES A FEU.	CALIBRES.	LONGUEUR			RAYURES (système Woolwich).				PRÉPONDÉRANCE
		du canon.	de l'âme.	de la partie rayée.	Pas au fond de l'âme.	Pas à la bouche.	Nombre.	Profondeur.	Largeur.	
	mm	mèt.	mèt.	mèt.	Calibres.			mm	mm	kilg
de 12 po. 35 tonnes; SS; n⁰ I	304,8	4,864	4,127	3,429	∞	35	9	5,1	38,1	
de 13 po. 23 tonnes; LS; n⁰ I	331,5	4,292	3,594	3,200	55	55	10	5,1	38,1	
de 12 po. 25 tonnes; LS et SS; n⁰ˢ I et II	304,8	4,356	3,688	3,225	100	50	9	5,1	38,1	152, au plus
de 11 po. 25 tonnes; {n⁰ I. LS et SS {n⁰ II	279,4 279,4	4,345 4,318	3,688	3,023	∞	35	9	5,1	38,1	
de 10 po. 18 tonnes; {n⁰ I. LS et SS {n⁰ II.	254,0 254,0	4,318 4,337	3,696	2,997	100	40	7	5,1	38,1	
de 9 po. 12 ton- {n⁰ I. nes; LS et SS {n⁰ˢ I,II,III,IV	228,6 228,6	3,734 3,734	3,175 3,175	2,780 2,642	∞ ∞	45 45	6 6	4,6 4,6	38,1 38,1	0 254
de 8 po. 9 ton- {n⁰ I. nes; SS .... {n⁰ˢ II et III.	203,2 203,2	3,468 3,468	2,997 2,997	2,591 2,528	∞ ∞	40 40	4 4	4,6 4,6	38,1 38,1	0 203
de 7 po. {7 tonnes; LS {n⁰ I. {n⁰ˢ II et III.	177,8 177,8	3,627 3,595	3,200 3,200	2,857 2,807	35 35	35 35	3 3	4,6 4,6	38,1 38,1	228 152
{6 1/2 tonn.; SS {n⁰ I. {n⁰ˢ II et III.	177,8 177,8	3,181 3,200	2,819 2,819	2,477 2,426	35 35	35 35	3 3	4,6 4,6	38,1 38,1	280 152

II. AFFUTS ET VOITURES.

MATÉRIEL DE CAMPAGNE.

Les affûts pour les canons Armstrong de 20, 12, 9 et 6 sont en bois. Ils ont, comme les affûts français, une flèche avec deux flasques, système qui, inventé par sir W. Congrève, existe en Angleterre depuis 1792 pour les affûts de campagne. L'essieu est entouré d'un corps d'essieu en bois. La vis de pointage est à écrou mobile et sa tête est articulée à charnière avec le bouton de culasse. Les affûts de 12 et de 20 ont en outre un appareil de pointage latéral (*traversing screw*) permettant de déplacer la pièce à droite ou à gauche d'un angle qui peut aller jusqu'à 3°. L'avant-train a les mêmes roues que l'affût ; il porte trois coffres placés au-dessus de l'essieu ; celui du milieu, très-étroit, renferme les fusées et les étoupilles. Les coffres sont recouverts de toile et fixés au moyen de courroies.

Les deux trains sont reliés ensemble suivant le système dit à suspension. L'avant-train est muni de deux brancards et peut à volonté être attelé avec deux chevaux de front ou avec un seul. Dans le premier cas, l'un des brancards, faisant fonction de timon, est placé au milieu de la voiture, assujetti dans deux anneaux carrés qui sont l'un sous la volée, et l'autre sous la seconde planche du marche-pied ; l'autre brancard traverse un anneau carré sous l'extrémité droite de la volée et se termine par une pièce en fer percée d'un œil, et fixée au moyen d'une esse sur le bout de la fusée d'essieu, où elle tient lieu de rondelle. Dans le second cas, chacun des deux brancards est porté plus à gauche ; celui qui servait de timon vient près de l'armon de gauche où il est fixé de la même manière ; l'autre est reçu par un piton qui est rivé sur une plaque fixée elle-même à la face interne de l'armon de droite. En disposant les brancards de cette seconde manière, on peut aussi atteler trois chevaux de front, à l'aide de deux palonniers attachés aux extrémités de la volée.

Les autres voitures de campagne sont : le caisson à munitions, le caisson à fusées (*rocketwagon*), la forge, le chariot de batterie (*storewagon*), la charrette à bagages (*storecart*) et le caisson à munitions pour armes portatives. Le caisson à munitions ressemble, comme disposition générale, au caisson français ; on remarquera cependant que la roue de rechange est placée sur un essieu en bois fixé au-dessus de la flèche qui réunit les deux trains, celle-ci passant dans l'intervalle de deux rais.

Le matériel de la nouvelle artillerie de campagne est presque entièrement en fer, non-seulement pour l'affût, mais encore pour toutes les autres voitures de batteries. Les deux flasques de l'affût, prolongés jusqu'au bout de crosse, se composent chacun d'un cadre formé de cornières en fer convenablement ployées et soudées ; sur ce cadre est appliquée une feuille de tôle, liée aux cornières par de nombreux rivets. Il y a, de chaque côté du canon, un coffret de 40^{cm} de côté dont le couvercle est disposé en forme de siége ; l'un des coffrets renferme trois coups à mitraille ; l'autre renferme un appareil à mesurer les distances : le *range-finder Nolan*. Les moyeux des roues sont en bronze, les rais et les jantes en bois ; ce sont, avec le corps d'essieu et les coffrets, les seules parties en bois qui se trouvent dans cet affût (fig. 13).

Les coffres de l'avant-train et du caisson sont disposés de manière à porter les objets de campement, les vivres et les sacs des hommes.

L'affût de 9 livres pèse, sans la pièce, 590 kil., et celui de 16, 600 kil. Ce dernier a un recul très-violent, recul qu'on cherche à diminuer au moyen d'un déclic fixé au moyeu et au corps d'essieu. Il est question de renforcer l'essieu qui a été brisé plusieurs fois dans les manœuvres de 1872.

AFFUTS ET VOITURES.

MATÉRIEL DE SIÉGE.

Les voitures dont se compose le matériel de siége sont les affûts de canons et de mortiers, le chariot porte-corps (*platform-wagon*), les chariots de parc (*general service wagon, siege-wagon, store-wagon*), la charrette de tranchée et une sorte de triqueballe (*sling-wagon*).

L'affût à flèche n'a été adopté par les Anglais pour le matériel de siége qu'en 1860. Il en existe deux modèles : l'un pour le canon de 40 livres, l'autre pour celui de 64 livres; lorsque le canon de 7 pouces est employé dans les siéges, il est monté sur l'affût marin.

Les mortiers lisses de 8, 10 et 13 pouces sont montés sur des affûts à roues, auxquels s'adapte un avant-train muni d'un cadre analogue à celui des chariots porte-corps ; pour passer à la position de tir, on dresse l'affût verticalement, la flèche en l'air, on enlève les roues, et l'on rabat les flasques sur la plate-forme.

MATÉRIEL DE PLACE ET DE COTE.

Le matériel de place et de côte comprend des affûts en bois et des affûts en fer.

Les premiers, qui ne sont employés que pour les canons de poids inférieur à 6 tonnes, se divisent en trois espèces : 1° affût ordinaire (*common standing*), avec deux flasques à gradins, et deux essieux en bois munis de roulettes en fer; 2° affût dit *rear chock carriage*, dans lequel l'essieu de derrière est remplacé par une pièce en bois reposant directement sur la plate-forme; 3° affût à châssis (*sliding carriage*).

Les affûts en fer sont toujours à châssis; on y trouve généralement un dispositif destiné à diminuer le recul, et consistant, soit en un *frein à lames doubles* ([1]) (*plate-compressor*), soit en un *frein hydraulique* (*hydraulic-buffer*). Le premier (pl. XII, fig. 14) consiste en un double système de lames fixées, les unes à l'affût, les autres au châssis : au moment du tir, les premières glissant dans les intervalles des lames du châssis subissent un serrage automatique, qui limite l'étendue du recul. Le second (pl. XII, fig. 15) est formé par un piston, d, de 0^m,20 de diamètre, dont la tige est reliée aux flasques par un bras, a, et qui

---

([1]) Ce dispositif a été adopté aussi dans la marine française pour les canons de 24^c et de 27^c. Voy. Gadaud, L'*Artillerie de la marine française en 1868*, page 99.

pénètre dans un cylindre, *bb*, plein d'eau ou d'huile, faisant corps avec le châssis; le piston est percé de quatre trous assez petits pour que le liquide ne s'écoule que sous la pression résultant du recul: quant au cylindre, il s'emplit par un trou, *f*, situé vers l'arrière, et se vide par un trou, *e*, situé vers l'avant.

Le matériel de côte comprend en outre quelques affûts du système *Moncrieff*, tous destinés au canon de 7 pouces; il n'en a été construit qu'un petit nombre. Dans ce système (fig. 16), on distingue l'*affût proprement dit*, les *élévateurs* et le *châssis tournant*.

L'affût proprement dit se compose de deux flasques, A, qui supportent la bouche à feu, et qui sont eux-mêmes supportés, à l'avant par les élévateurs, B, à l'arrière par des roulettes reposant sur un système de rails assez fortement inclinés. Les élévateurs sont reliés ensemble, d'un côté par les tourillons des flasques, de l'autre par une entretoise à laquelle est suspendu un contre-poids, P, notablement plus lourd que le canon; leur partie postérieure est garnie de dents qui engrènent avec celles d'une crémaillère horizontale; l'arc denté des élévateurs est formé par une courbe excentrique, sorte de développante tracée de manière que la bouche à feu, lorsqu'elle est chassée en arrière par le recul, *s'abaisse* en soulevant le contre-poids. Une fois au bout de sa course, elle est arrêtée par un déclic; on procède alors au chargement, devenu facile et peu dangereux; puis on lâche le déclic, et le contre-poids, dans lequel la force vive de recul s'était emmagasinée à l'état d'énergie potentielle, fait reparaître la pièce au-dessus du parapet (¹).

(¹) Voir au sujet de l'affût Moncrieff, la *Revue maritime et coloniale*, nᵒˢ de septembre, octobre et novembre 1868, et septembre 1869.

III. PROJECTILES ET MUNITIONS.

1° PROJECTILES POUR BOUCHES A FEU LISSES.

Ces projectiles sont :

Le boulet (canons);

L'obus ordinaire ou bombe (shellguns, obusiers et mortiers);

Le shrapnel à diaphragme

La mitraille, en boîtes ou en grappes } canons et obusiers;

L'obus incendiaire Martin (shellguns);

L'obus incendiaire dit *carcass* (obusiers et mortiers);

La balle éclairante

La balle à fumée } (mortiers).

Shrapnel à diaphragme. — Dans le shrapnel à diaphragme, inventé par le colonel Boxer, la charge est séparée des balles par une calotte en tôle de fer, *dd*, munie d'un rebord, *l*, qui pénètre dans la paroi du projectile (pl. XIII, fig. 35). Le plus grand des deux compartiments est occupé par les balles ; des gouttières ménagées dans la paroi, en vue de la rupture, y déterminent les plans de moindre résistance. On introduit les balles par un trou qui traverse le milieu du diaphragme, et on remplit leurs interstices en se servant de poussière de charbon ; on visse ensuite dans cette ouverture un tube (*ampoulette*) destiné à recevoir la fusée. L'autre compartiment est rempli par la charge : elle y est introduite par un trou latéral, que ferme un bouchon à vis ; dans ce compartiment vient déboucher une rainure pratiquée le long du tube qui contient la fusée, sur sa paroi interne. Comme tous les projectiles creux sphériques anglais, le shrapnel est muni d'un sabot en bois fixé, non par des bandelettes, mais au moyen d'un tenon en fer.

Obus Martin. — L'obus incendiaire Martin, employé contre les villes et contre les vaisseaux, est un projectile creux qu'on remplit de fonte en fusion au moment du tir ; le métal, en se solidifiant dans l'œil, l'obture très-rapidement, et l'obus peut être introduit dans le canon quatre minutes environ après l'opération de remplissage. Son épaisseur est très-diminuée sur les côtés afin qu'il se brise facilement quand il frappe un obstacle résistant : la fonte se répand alors sur le sol, et met le feu aux corps combustibles. Le projectile agit encore avec efficacité comme boulet rouge une heure après qu'il a été rempli.

Carcass. — Le carcass (pl. XIII, fig. 33) est un obus rempli de composition incendiaire et percé de trois évents à chacun desquels correspond un dégorgement pratiqué dans la composition et contenant une amorce en pulvérin. Les jets de flamme sortent des évents avec une grande intensité, et durent de 3 à 12 minutes, suivant le calibre.

Balle éclairante. — La balle éclairante est principalement destinée, comme on le sait, à éclairer dans les siéges les travaux de nuit de l'ennemi. Les Anglais en ont de deux sortes, la *balle éclairante ordinaire*, qui brûle sur le sol après sa chute, et la *balle éclairante à parachute*, de l'invention du colonel Boxer. Celle-ci (pl. XIII, fig. 34) comprend : 1° une enveloppe extérieure en fer, 1, formée de deux calottes hémisphériques reliées et assemblées à leurs bases; 2° un diaphragme intérieur en zinc, 2, séparé des calottes par un papier salpêtré, 3. La composition éclairante, 7, est contenue dans la calotte inférieure, et recouverte par un plateau en zinc solidement assujetti; au point le plus bas est pratiquée une ouverture qui reçoit une amorce, 8, communiquant avec le papier salpêtré et pénétrant dans la composition éclairante.

Le parachute, 6, réuni au plateau par trois chaînes, est contenu dans la partie supérieure du diaphragme qui est elle-même reliée à la calotte-couvercle; elle est ainsi emportée par l'explosion, et le parachute dégagé, se développe. L'explosion est produite par une charge, 5, placée au-dessus du diaphragme; le feu y est mis au moyen d'une fusée à durée, 4 : il est communiqué aussitôt à l'amorce par le papier salpêtré, et un jet de flamme s'échappe par l'ouverture de l'hémisphère inférieur resté seul. Cette balle à feu est lancée par un mortier sous un très-grand angle (70° à 75°);

on règle la fusée de manière que la séparation des deux hémisphères ait lieu au commencement de la branche descendante de la trajectoire, et, à partir de ce moment, le projectile s'abaisse avec lenteur en projetant une vive lumière ; la combustion dure environ trois minutes.

Balle à fumée. — La balle à fumée se compose d'une enveloppe sphérique dans laquelle est tassée une composition lente, produisant pendant sa combustion une fumée considérable. Elle est surtout employée dans la guerre de mines, et sert à rendre inhabitables les galeries ennemies.

Les éléments qui entrent dans la composition des quatre derniers artifices sont les suivants :

INGRÉDIENTS.	CARCASS.	BALLE ÉCLAIRANTE		BALLE à fumée.
		ordinaire.	à parachute.	
	kil.	kil.	kil.	kil.
Salpêtre	2,835	2,835	3,176	»
Soufre brut	1,134	1,134	»	»
Résine pilée	0,850	0,850	»	»
Sulfure d'antimoine. . . .	0,283	»	»	»
Suif.	0,283	»	»	0,227
Térébenthine	0,283	»	»	»
Huile de lin bouillie. . . .	»	0,212	»	»
Fleur de soufre	»	»	0,510	»
Orpiment.	»	»	0,312	»
Pulvérin.	»	»	»	2,268
Salpêtre raffiné	»	»	»	0,454
Houille broyée.	»	»	»	0,680
Poix	»	»	»	0,907

2º PROJECTILES QUE LANCENT LES CANONS RAYÉS SE CHARGEANT PAR LA CULASSE.

Ces projectiles sont recouverts d'une enveloppe de plomb allié à 5 % d'antimoine. L'enveloppe est fixée sur la fonte au moyen d'une couche de zinc intermédiaire ([1]) ; elle a une épaisseur de un dixième de pouce ($2^{mm},5$) auprès du culot, réduite à une valeur moitié moindre sur le reste de la hauteur ; elle ne possède point de bour-

([1]) Ce procédé a déjà été décrit dans la *Revue* (octobre 1872, page 36).

relets, mais présente une gorge ménagée entre les deux parties d'épaisseur différente, et destinée à recevoir l'excédant de métal refoulé pendant le trajet dans l'âme.

Les projectiles dont il s'agit se divisent en *obus à segments, obus ordinaire, shrapnel Boxer, boulet (shot)*, auxquels il faut ajouter la boîte à mitraille (*case-shot*) et le boulet d'exercice (*drill-shot*).

L'**Obus à segments**, dans lequel on avait espéré réunir les propriétés du boulet plein, du shrapnel, de la boîte à mitraille et même, dans une certaine mesure, de l'obus ordinaire, est organisé intérieurement de la manière suivante :

Des segments cylindriques en fonte (pl. XIII, fig. 31) sont disposés le long de la paroi intérieure, laissant au centre un vide qui est destiné à recevoir la charge d'éclatement, contenue dans un cylindre en tôle. On coule le long de la paroi intérieure formée par les segments un métal très-fusible (alliage de plomb, d'étain et d'antimoine) qui tapisse cette paroi sur une faible épaisseur et est destiné à empêcher les gaz de la charge explosive de pénétrer dans les joints des segments.

L'enveloppe extérieure est très-mince ; la capacité s'en trouve augmentée, et la résistance à l'éclatement diminuée : la disposition interne des segments, qui supportent cette enveloppe comme autant de voussoirs, et l'appui extérieur qu'à raison du forcement elle trouve en même temps dans la paroi du canon, ont permis de réduire cette épaisseur plus que dans tout autre système.

Cette construction, toute ingénieuse qu'elle est, n'a pas produit les résultats sur lesquels on comptait : la position donnée à la charge concourt avec la force centrifuge, au moment de l'explosion, pour imprimer aux segments une vitesse de projection trop forte dans le sens perpendiculaire à l'axe ; de plus la forme irrégulière des segments les rend trop sensibles à l'influence retardatrice de l'air.

L'**Obus ordinaire** a la même forme extérieure que l'obus à segments, mais il est plus long d'environ un demi-calibre, et sa tête est moins obtuse. Il est armé d'une fusée percutante ou à durée; il doit agir principalement contre le matériel.

Dans le **Shrapnel Boxer**, l'enveloppe est cylindrique et ouverte à la partie antérieure. La charge d'éclatement est contenue dans une chambre située près du culot et séparée des balles par un disque en fer ou diaphragme. Le compartiment qui reçoit les balles est légèrement évasé vers l'avant, et sa paroi est affaiblie par des gouttières longitudinales; son ouverture est fermée par une ogive *en bois* que maintient une calotte en fer, reliée elle-même au cylindre en fonte, au moyen de rivets. L'ogive est percée suivant son axe pour recevoir la fusée, et la communication avec la chambre à poudre est assurée par un tube central, traversant les balles. Lorsque la charge s'enflamme, la tête du projectile cède la première à l'action des gaz et les balles sont ensuite chassées en avant, formant une gerbe de mitraille semblable à celle que lancerait une bouche à feu.

Les **Projectiles massifs** existent pour tous les calibres, mais au-dessous de 40 livres, ils ne servent que pour les tirs d'exercice ou d'épreuve.

Le **Drill-shot** ou boulet d'exercice a un diamètre réduit lui permettant de passer librement dans l'âme du canon; il est de plus recouvert de plomb jusque sur la pointe de l'ogive, afin que ses ballottements ne puissent pas produire de dégâts dans l'âme.

Dans les **Boîtes à mitraille**, les balles sont maintenues soit au moyen de résine, soit par des disques en bois où chacune d'elles a son logement (modèle *Reeves*).

Données principales concernant les projectiles des canons rayés
se chargeant par la culasse.

PROJECTILES.	LONGUEUR.	DIAMÈTRE MOYEN à l'arrière.	SEGMENTS					BALLES		CHARGE d'éclatement.	POIDS TOTAL.
			gros.		petits		Nombre total.				
			Nombre.	Poids.	Nombre.	Poids.		Nombre.	Poids.		
	mm	mm		gr		gr			gr	kil.	kil.
7 po. Obus ordinaire....	401,3	180,0	»	»	»	»	»	»	»	2,949	40,710
Obus à segments...	355,1	id.	112	95	»	»	112	»	»	1,418	46,154
Boîte à mitraille...	262,9	»	»	»	»	»	»	77	227	»	31,300
64 liv. Obus ordinaire....	352,5	164,8	»	»	»	»	»	»	»	2,041	31,300
Obus à segments...	302,5	id.	84	77	»	»	84	»	»	1,247	30,520
Boîte à mitraille...	231,1	»	»	»	»	»	»	56	227	»	22,560
40 liv. Obus ordinaire....	344,4	122,8	»	»	»	»	»	»	»	1,020	18,395
Obus à segents..	269,7	id.	72	70	»	»	72	»	»	0,369	18,060
Shrapnel........	315,0	id.	»	»	»	»	»	162	28	0,085	17,780
Boulet.........	261,1	id.	»	»	»	»	»	»	»	»	18,680
Boîte à mitraille...	260,3	»	»	»	»	»	»	37	227	»	14,065
20 liv. Obus ordinaire....	276,9	97,6	»	»	»	»	»	»	»	0,511	9,810
Obus à segments...	206,4	id.	56	48	14	30	70	»	»	0,045	9,164
Boulet.........	210,3	id.	»	»	»	»	»	»	»	»	9,327
Boîte à mitraille...	238,8	»	»	»	»	»	»	41	113	»	7,144
12 liv. Obus ordinaire....	215,9	78,0	»	»	»	»	»	»	»	0,270	5,000
Obus à segments...	171,4	id.	42	37	6	24	48	»	»	0,036	4,968
Shrapnel........	213,6	id.	»	»	»	»	»	56	»	0,021	4,848
Boulet.........	179,1	id.	»	»	»	»	»	»	»	»	5,245
Boîte à mitraille...	218,4	»	»	»	»	»	»	48	57	»	4,309
9 liv. Obus ordinaire....	167,6	78,0	»	»	»	»	»	»	»	0,184	3,926
Obus à segments...	135,9	id.	35	42	7	34	42	»	»	0,019	3,905
Shrapnel........	181,6	id.	»	»	»	»	»	42	»	0,021	3,941
Boulet.........	143,0	id.	»	»	»	»	»	»	»	»	3,998
Boîte à mitraille...	176,5	»	»	»	»	»	»	36	57	»	3,105
6 liv. Obus à segments...	127,5	65,3	12	26	18	23	30	»	»	0,013	2,544
Boulet.........	134,6	id.	»	»	»	»	»	»	»	»	2,807
Boîte à mitraille...	167,6	»	»	»	»	»	»	44	28	»	2,154

3° PROJECTILES QUE LANCENT LES CANONS RAYÉS SE CHARGEANT PAR LA BOUCHE.

Canon à rayure Shunt. — Le seul canon à rayure Shunt

encore en service, celui de 64 livres, lance un obus ordinaire, un shrapnel Boxer, et une boîte à mitraille; les
deux premiers projectiles ont trois couronnes d'ailettes.

Canons de Woolwich. — Les projectiles appartenant aux
canons du système de Woolwich sont l'obus ordinaire,
l'obus double *(double-shell)*, le shrapnel Boxer, l'obus Palliser, le boulet Palliser et la boîte à mitraille. Les cinq
premiers sont munis d'ailettes formées par un alliage de
7 de cuivre et 1 d'étain; elles sont disposées sur deux
couronnes dont la distance est de :

7 po. ou 177^{mm},8 pour les projectiles du calibre de 12 po.;
8   id. 203 ,8   id.   10 po.;
6   id. 152 ,4   id.   9 po.;
5   id. 127 ,0   id.   8 po.;
4,6 id. 116 ,8   id.   7 po.

Sur l'ogive, à peu près à égale distance de la naissance
et de la pointe, sont pratiquées deux encoches servant,
lorsqu'on veut décharger la pièce, à en retirer le projectile à l'aide d'un instrument représenté (pl. XII, fig. 17).

L'*obus ordinaire* (pl. XIII, fig. 27) a environ trois calibres de longueur, et son ogive est décrite avec un rayon
de un calibre et demi.

Le *double-shell* n'existe que pour deux calibres, le canon
de 7 pouces, et celui de montagne de 7 livres; ce dernier canon appartient à la série dite de Woolwich. Le premier
(pl. XIII, fig. 28) a une longueur de près de quatre calibres et est renforcé intérieurement par trois nervures
longitudinales; ce projectile a été adopté en 1866 pour
être tiré contre des navires en bois ou contre des ou-
vrages en terre et produit des effets très-redoutables en
raison de la grande quantité de poudre qu'il renferme. Le
second a environ quatre calibres et demi de longueur et
est destiné à être tiré sous de grands angles avec une
charge réduite (113 gr.).

Le *Shrapnel Boxer* (pl. XIII, fig. 26) est semblable, quant à l'organisation intérieure, à celui des canons Armstrong.

Les *projectiles Palliser, obus et boulet* (pl. XIII, fig. 29 et 30), destinés au tir contre les plaques de navires, sont *moulés en coquilles*, ce qui en augmente considérablement la dureté, aux dépens, il est vrai, de la ténacité. Leur longueur totale varie entre deux calibres et deux calibres et demi environ; leur culot est plat, et leur tête se termine en pointe; l'ogive est conservée intacte, la charge d'éclatement devant être introduite par l'arrière, et son inflammation, dans ce genre de tir, se produisant spontanément par le choc. Les boulets, excepté ceux du calibre de 7 pouces, sont toujours coulés à *noyau (cored)*; le vide central ainsi ménagé est destiné à atténuer les conséquences de la contraction de la fonte, conséquences d'autant plus nuisibles que la masse est plus considérable.

Canons de campagne. — Les canons de campagne de 9 et de 16 livres se chargeant par la bouche, adoptés depuis 1870, lancent un obus ordinaire, un shrapnel Boxer et une boîte à mitraille représentés respectivement, pour le calibre de 9 livres, par les fig. 25, 24, 32 (pl. XIII); on remarquera que l'obus à segments a été abandonné. Les ailettes sont en laiton; elles forment deux couronnes qui sont aussi près que possible, l'une de la tête, l'autre du culot. Les balles des shrapnels et des boîtes à mitraille sont en alliage de plomb et d'antimoine.

Il existe, en général, de ces divers projectiles, plusieurs modèles qu'on distingue par des numéros; le tableau suivant renferme les principales données relatives aux derniers modèles adoptés.

PROJECTILES.	DATE DU MODÈLE.	LONGUEUR.	DIAMÈTRE de la partie cylindrique		NOMBRE ET POIDS des balles.	CHARGE d'éclatement.	Poids total avec tolérance de ±1 1/2 pour cent.
			maximum toléré.	minimum toléré.			
		mm	mm	mm		k	k
13 po. Obus ordinaire .	1867	749,8	329,7	329,3	»	14,771	272,0
Obus Palliser ..	1867	693,4	id.	id.	»	8,165	280,0
12 po. Obus ordinaire .	1869	762,0	303,0	302,5	»	15,877	224,5
Shrapnel	1870	781,0	id.	id.	530 b. en fᵉ de 113 gr.	0,511	225,0
Obus Palliser ..	1870	741,7	id.	id.	»	6,851	272,0
Boulet Palliser .	1870	665,5	id.	id.	»	»	272,0
10 po. Obus ordinaire .	1868	825,5	252,2	251,7	»	11,907	181,4
Shrapnel	1869	809,7	id.	id.	488 b. en fᶜ de 113 gr.	0,454	173,8
Obus Palliser ..	1870	668,0	id.	id.	»	3,119	181,4
Boulet Palliser .	1870	622,3	id.	id.	»	»	181,4
Boîte à mitraille.	1868	243,8	253,7	249,9	136 b. en fᵉ de 227 gr.	»	59,0
9 po. Obus ordinaire .	1868	679,4	226,8	226,3	»	8,165	113,4
Shrapnel	1868	666,7	id.	id.	564 b. en fᶜ de 57 gr.	0,284	113,4
Obus Palliser ..	1870	519,4	id.	id.	»	2,495	113.4
Boulet Palliser .	1870	485,1	id.	id.	»	»	113,4
Boîte à mitraille.	1868	231,1	226,6	224,5	113 b. en fᶜ de 226 gr.	»	45,4
8 po. Obus ordinaire .	1868	613,9	201,4	200,9	»	5,897	81,6
Shrapnel	1868	590,5	id.	id.	376 b. en fᶜ de 57 gr.	0,227	78,9
Obus Palliser ..	1870	488,9	id.	id.	»	2,041	81,6
Boulet Palliser .	1870	442,0	id.	id.	»	»	81,6
Boîte à mitraille.	1868	213,4	201,2	199,4	75 b. en fᶜ de 227 gr.	»	30,8
7 po. Obus ordinaire .	1868	518,2	176,0	175,5	»	3,742	52,2
Shrapnel	1868	500,9	id.	id.	227 b. en fᶜ de 57 gr.	0,198	51,0
Obus Palliser ..	1870	419,1	id.	id.	»	1,134	52,2
Boulet Palliser .	1870	373,4	id.	id.	»	»	52,2
Boîte à mitraille.	1868	260,3	175,8	174,2	74 b. en fᶜ de 227 gr.	»	30,4
Double Shell...	1866	690,9	176,0	175,5	»	5,783	72,3
16 liv. Obus ordinaire .	1871	250	90,0	»	»	0,453	7,250
Shrapnel	1871	250	»	»	63 balles de 18 à la liv. et 56 de 84.	(?)	7,250
Boîte à mitraille.	1871	»	»	»	110 b. de 16 1/2 à la liv.	»	(?)
9 liv. Obus ordinaire .	1870	201,2	74,9	74,4	»	0,205	4,082
Shrapnel	1870	»	id.	id.	28 b. de 18 à la livre et 35 de 34.	0,028	4,195
Boîte à mitraille.	1870	»	»	»	110 b. de 16 1/2 à la liv.	»	(?)
7 liv. Obus ordinaire .	1865	179,1	74,9	74,3	»	0,198	3,300
Double Shell...	1868	334,0	id.	id.	»	0,454	6.578
Shrapnel	1867	165,1	id.	id.	22 b. de 18 à la livre et 21 de 34	0,014	3,321
Boîte à mitraille.	1867	132,1	75,0	74,3	110 b. de 16 1/2 à la liv.	»	2,381

Les fusées en service dans l'artillerie anglaise sont nombreuses et variées. On distingue les *fusées à durée*, qui sont des systèmes Boxer et Armstrong, et les *fusées percutantes*, qui sont des systèmes Armstrong et Pettmann; on ne décrira que les modèles les plus usités ou les plus récents.

Fusées à durée. — Les *fusées Boxer* sont en bois. La composition y est tassée dans un canal creusé suivant l'axe, qui pénètre jusqu'à 6ᵐᵐ environ du petit bout de la fusée. Deux canaux latéraux, partant du même bout, s'élèvent jusqu'aux premières tranches de la composition. Ils sont remplis de poudre à mousquet. Chacun d'eux est mis en communication avec l'extérieur par une série de trous perpendiculaires à l'axe, obturés au moyen de la terre de pipe. Ces trous sont numérotés, et ceux de droite correspondent aux milieux des intervalles de ceux de gauche, en sorte que l'ensemble forme une série continue croissant par demi - seconde; au moment du tir et avant d'adapter la fusée au projectile, on débouche avec une vrille le trou indiqué et on le prolonge jusqu'à la composition centrale.

Les fusées destinées aux pièces se chargeant par la bouche sont *à calice*; c'est une fusée de ce genre qui est employée avec le shrapnel sphérique à diaphragme décrit plus haut (page 347); dans ce cas, on débouche aussi avec la vrille le trou qui se trouve à hauteur de l'orifice de l'ampoulette communiquant avec la charge, mais en ayant soin, bien entendu, de ne pas le prolonger jusqu'à la composition fusante. C'est également une fusée de ce genre qui est employée avec les nouveaux canons de campagne de 9 et de 16 livres; pendant le transport, l'obus est fermé par un tampon qu'on dévisse, au moment du tir, avec une clé carrée fixée sur l'arrière du coffre; après avoir remplacé le tampon par la fusée, on assujettit celle-ci en frap-

pant légèrement l'obus contre le coffre ; l'inertie achève
de la fixer lorsque le projectile part.

Lorsque les fusées doivent être employées avec des
pièces se chargeant par la culasse, l'amorce est remplacée
par un appareil percutant, formé (pl. XII, fig. 18) d'un
cylindre creux en métal qui se visse à la tête de la fusée.
Au fond du cylindre, percé d'un petit trou, se trouve un
logement pour une composition détonante formée de
6 parties de chlorate de potasse, 4 de sulfure d'antimoine
et 4 de fulminate de mercure. A la partie antérieure, un
percuteur, présentant à sa base une saillie taillée en
biseau, est maintenu par un fil de soutien qui se brise au
départ du projectile. Des évents sont ménagés dans le
corps de fusée au-dessous de l'appareil percutant, afin
que les gaz produits pendant le trajet puissent s'écouler
au dehors.

Ces fusées sont désignées par leur durée maximum ;
on distingue celles de 5, 9, 15 et 20 secondes. Ces der-
nières, beaucoup plus longues que les autres, n'ont pas de
canaux latéraux et les numéros indiquant les durées sont
disposés en hélice. Dans les fusées de 5, 9 et 20 secondes,
la composition est formée de

$$\begin{array}{ll} \text{Salpêtre} \dots\dots\dots & 1,474 \\ \text{Soufre} \dots\dots\dots & 0,454 \\ \text{Pulvérin} \dots\dots\dots & 1,247 \end{array}$$

et brûle avec une vitesse de 5^{mm} par seconde ; dans celles
de 15 secondes, elle est formée de

$$\begin{array}{ll} \text{Salpêtre} \dots\dots\dots & 0,738 \\ \text{Soufre} \dots\dots\dots & 0,241 \\ \text{Pulvérin} \dots\dots\dots & 0,397 \end{array}$$

et brûle avec une vitesse de 3^{mm},4.

Les *Fusées Armstrong à durée* sont des fusées métalliques
et à rotation ([1]) ; il n'y en a plus que deux modèles en
service, désignés par les lettres E et F et datant respecti-

---

[1] Voir la *Revue d'artillerie*, liv. d'octobre et de décembre 1872, pages 37 et 181.

vement de 1866 et 1867; la fig. 19, pl. XII, représente le second, qui est une *fusée mixte*. L'appareil détonant qu'on voit sur le côté gauche de la figure est disposé pour fonctionner au départ du projectile; il met le feu à la composition tassée dans un canal annulaire sur la table du corps de fusée. Le disque qui recouvre celle-ci, et dont la base forme la paroi supérieure du canal, renferme une chambre remplie de pulvérin et ayant deux ouvertures, dont l'une peut être amenée au-dessus d'un point de la composition plus ou moins éloigné de l'origine, tandis que l'autre débouche sur une gorge annulaire creusée autour de l'arbre central. Dès que la composition fusante a brûlé jusqu'au méridien correspondant à l'ouverture inférieure, la flamme se communique à la poudre, se répand dans la gorge annulaire et gagne le compartiment opposé, qui est parallèle à l'axe et débouche à la base du corps de fusée. Dans ce compartiment est installé un second appareil percutant, disposé de manière à fonctionner à l'arrivée du projectile, dans le cas où le premier aurait raté et dans celui où l'on aurait réglé la fusée pour une distance trop grande.

Fusées percutantes. — Les fusées percutantes Armstrong sont *à double réaction*. Il y en a aussi plusieurs modèles; la fig. 20, pl. XII, représente celle qui est destinée au matériel de campagne et dont l'obus ordinaire est presqu'exclusivement armé, la fusée en bois précédemment décrite étant réservée au shrapnel. Cette fusée percutante est munie d'une broche de sûreté, dans la bouche de laquelle passe un fil de laiton qui entoure la fusée et porte au bout un ruban; en tirant celui-ci, on dégage le fil de laiton et on retire facilement la broche. Au départ du projectile, le manchon en bronze, *c*, en vertu de l'inertie, brise les oreilles *d*, *d*, du percuteur, qui est en métal cassant; à l'arrivée, celui-ci, dont la masse se trouve augmentée de celle du manchon, est projeté en avant, et l'amorce qu'il porte dans sa base antérieure s'enflamme au contact de la pointe qu'elle vient heurter.

La fusée *Pettmann*, destinée à la fois aux deux services de terre et de mer (*Pettmann's general service fuze*), se compose des parties suivantes (pl. XII, fig. 21) :

1° Corps de fusée en bronze ;

2° Couvercle en bronze ;

3° Balle sphérique, en alliage de 7 parties d'étain et 3 de zinc ;

4° Percuteur en bronze ; sur sa base supérieure est creusée une rainure circulaire 5, dans laquelle a été comprimée une composition fulminante et d'où partent deux canaux tronconiques débouchant sur la base opposée ;

6° Boule massive en bronze, à surface rugueuse, recouverte par une composition fulminante, mélange pâteux de chlorate de potasse (12 parties), sulfure d'antimoine (12 parties), fleur de soufre (1 partie), pulvérin (1 partie), alcool et gomme-laque ; la rainure 7 n'a d'autre objet que d'augmenter l'adhérence de cette composition, qui est recouverte par deux calottes sphériques en cuivre très-mince, au-dessus desquelles est fixée une enveloppe en gaze de soie enduite de vernis ;

8° Masselotte ; elle renferme une chambre pleine de poudre tassée, dans laquelle débouchent un canal central et deux canaux obliques. La boule détonante 6 est maintenue entre le percuteur et la masselotte par des tourillons qui s'engagent dans deux mortaises placées sur l'axe du corps de fusée ;

9° Anneau de calage en plomb, assemblé avec la masselotte 8 par un rebord pénétrant dans une rainure pratiquée sous la tête de celle-ci ; il est écrasé par la masselotte au départ du projectile et se loge tout entier dans un élargissement de la paroi ménagé près du fond ;

10° Fil de soutien de la masselotte ; il est appliqué contre le fond du corps de fusée et constitue la principale garantie contre tout déplacement de la masselotte, car sans lui l'anneau en plomb céderait peu à peu aux chocs ;

11° Disque en carton fermant le corps de fusée.

Pour monter la fusée, on commence par réunir les pièces 8, 9, 10 ; on dispose dans le fond du corps de fusée le système ainsi formé, on met en place la boule détonante, puis le percuteur, la petite boule et, enfin, le couvercle. Au départ du projectile, la masselotte, brisant son fil de soutien et écrasant l'anneau en plomb, se projette dans le trou du fond de la fusée et chasse devant elle le disque en carton ; la boule détonante se dégage de ses appuis et, à l'arrivée, elle s'enflamme en venant frapper violemment contre une des parois de l'espace où elle est enfermée. En outre, le percuteur, cessant d'être soutenu aussitôt que le projectile a quitté la pièce, cesse lui-même de maintenir la balle 3, que le mouvement de rotation amène près de la paroi, c'est-à-dire au-dessus de la rainure circulaire renfermant de la composition fulminante ; à l'arrivée, il se produit entre celle-ci et la balle un choc qui constitue un deuxième moyen d'inflammation.

5° CHARGES.

La poudre anglaise est formée de 75 parties de salpêtre, 10 de soufre et 15 de charbon. On distingue dans le service les poudres :

L G (*large grain*), ancienne poudre à canon ; on n'en fabrique plus, mais il en existe un stock considérable ;

F G (*fine grain*), ancienne poudre à fusil ;

R L G (*rifle large grain*), poudre pour canons rayés ;

R F G (*rifle fine grain*), poudre pour fusils rayés ;

Shell L G, poudre avec laquelle sont faites les charges d'éclatement des obus ordinaires et des obus Palliser ;

Shell F G, ou *service-pistol*, qui sert pour le tir des pistolets et pour l'éclatement des shrapnels ;

Pellet (poudre en pastilles), dont le grain a la forme d'un cylindre équilatère de 12 à 15 millimètres de haut, évidé jusqu'à mi-hauteur dans une des bases; elle n'est employée qu'avec les canons de gros calibres.

Pour les canons Armstrong, la charge est ordinairement fixée au $\frac{1}{8}$ du poids nominal du projectile; elle est contenue (pl. XII, fig. 22) dans un sachet en flanelle croisée, garni à sa partie antérieure d'un *valet lubrificateur* qui se compose de trois parties superposées, savoir : une lentille en cuivre mince remplie d'un mélange de suif et d'huile de lin, un gâteau de cire évidé en son milieu, et un culot en carton. Pour les gros calibres, le lubrificateur est placé hors du sachet, auquel le relie une cheville en bois; pour les petits calibres, il est logé dans le sachet au-dessus de la poudre. Les gargousses de 20, 40, 64 livres et de 7 pouces portent à leur centre un cylindre creux en carton destiné à diminuer la densité de chargement, sans qu'il reste entre le devant de la gargousse et le culot du projectile un vide nuisible à la conservation de la pièce.

Pour les canons de gros calibre, on distingue la charge ordinaire (*service-charge*) et la charge de perforation (*battering-charge*), qui n'est employée qu'avec les projectiles Palliser dans le tir contre des cuirasses. Ces charges sont respectivement :

Pour le canon de 7 po., $\frac{1}{8}$ et $\frac{1}{5}$ du poids du projectile;

id.   8 po., $\frac{1}{9}$ et $\frac{1}{6}$ id.

id.   9 po., $\frac{1}{8}$ et $\frac{1}{6}$ id.

id.   10 po., $\frac{1}{10}$ et $\frac{1}{6}$ id.

id.   12 po., $\frac{1}{12}$ et $\frac{1}{9}$ id.

Pour les canons de campagne de 9 et de 16 livres se chargeant par la bouche, les charges de plein fouet sont $0^k,794$ et $1^k,361$, c'est-à-dire $\frac{1}{5,1}$ et $\frac{1}{5,3}$ du poids du projectile.

Le tableau suivant fait connaître les vitesses initiales obtenues avec les principales bouches à feu.

| CANONS. | CHARGES. | | PROJECTILES. | | Vitesse initiale en mètres. |
	Poids en kilog.	Nature de la poudre	Nature.	Poids en kilog.	
13 po. 25 to.	31,750	RLG.	Palliser.	280	372
12 po. 25 to.	30,390	RLG.	id.	272	360
	36,514	pellet.	id.	272	396
11 po. 25 to.	36,514	pellet.	id.	243	401
10 po. 18 to.	27,215	RLG.	id.	181	396
	31,751	pellet.	id.	181	416
9 po. 12 to.	19,505	RLG.	id.	113	407
	22,680	pellet.	id.	113	433
8 po. 9 to.	13,608	RLG.	id.	81	415
	15,876	pellet.	id.	81	431
7 po. 7 to.	9,980	RLG.	id.	52	444
7 po. 6 ½ to.	9,980	RLG.	id.	52	436
	13,608	pellet.	id.	52	465
64 liv. 64 cwt.	3,629	RLG.	Obus ordinaire.	29,029	357
16 liv. 12 cwt.	1,361	RLG.	id.	7,250	430
9 liv. 8 cwt.	0,794	RLG.	id.	4,082	420
9 liv. 6 cwt.	0,681	RLG.	id.	4,082	376
7 liv. 150 cwt. (acier). .	0,170	FG.	id	3,300	205
7 po. 82 cwt.	4,990	RLG.	id.	40,820	355
64 liv. 61 cwt. à coin. . .	4,082	RLG.	id.	29,030	366
40 liv. 35 cwt.	2,268	RLG.	id.	18,600	360
20 liv. 16 cwt.	1,134	RLG.	id.	9,526	344
20 liv. 13 cwt.	1,134	RLG.	id.	9,526	305
12 liv. 8 cwt.	0,681	RLG.	Obus à segments.	5,830	357
9 liv. 6 cwt.	0,511	RLG.	id.	4,195	322

Note dans la marge gauche: *Se chargeant par la bouche.* et *Se ch. p^r la culasse.*

IV. EFFETS DU TIR.

Le tableau suivant fait connaître les tangentes des angles de projection des canons de campagne de 9 livres et de 16 livres se chargeant par la bouche, et pour le canon Armstrong de 20 livres.

DISTANCES de tir.	CANON de 9 liv. 8 cwt. (charge 0^k,794).	CANON de 16 liv. 12 cwt. (charge 1^k,361).	CANON de 20 liv. 16 cwt. Armstrong (charge 1^k,134).
mètres.			
500	0,0130	0,0104	0,0218
1,000	0,0340	0,0323	0,0478
1,500	0,0605	0,0568	0,0780
2,000	0,0937	0,0847	0,1100
2,500	0,1328	0,1150	0,1436
3,000	0,1807	0,1500	0,1790
3,500	»	0,1885	»

On pourra calculer, avec les données précédentes, les éléments qui définissent la tension de la trajectoire, savoir l'angle de chute et la zone dangereuse, ainsi que ceux qui définissent la puissance de pénétration du projectile, c'est-à-dire la vitesse et la force vive restantes à l'arrivée. Mais les éléments par lesquels se représente la justesse du tir ne peuvent pas se déduire ainsi par le calcul, et d'autre part, on ne les trouve pas en général dans les tables de tir anglaises. On n'a donc à ce sujet que des données fort incomplètes.

De quelques nombres donnés par le colonel Berge [1], il résulterait que pour le canon de 9 livres, les écarts probables en hauteur et en direction, aux distances de :

$$1400^m - 2\,000^m - 2\,400^m - 2\,800^m - 3\,000^m$$

seraient respectivement de :

$$1^m,22 - 2^m,03 - \text{»} - 2^m,53 - 5^m,51$$
$$0^m,57 - 1^m,65 - 0^m,58 - 0^m,96 - 2^m,70$$

Mais ces résultats sont trop peu nombreux et trop irréguliers pour permettre une interpolation. Suivant d'autres renseignements, le canon de 16 livres aurait eu, à la distance de 3 450 mètres, un écart probable en portée égal à $18^m,75$, et un écart probable en direction égal à $2^m,80$.

V. ORGANISATION.

L'artillerie anglaise forme un seul régiment, qui est indépendant des autres armes en temps de paix, et comprend :

 6 brigades d'artillerie à cheval;
 8   id.   d'artillerie de campagne;
 14   id.   d'artillerie de place;
 3   id.   mixtes (de place et de campagne);
 1   id.   de dépôt;
 1   id.   de côte.

La brigade est composée d'un nombre variable de batteries, 8 en moyenne.

---

[1] *Rapport sur le canon de campagne anglais, modèle 1870.*

Batteries de campagne.— Avant 1870, les batteries de campagne se divisaient en :

Batteries à cheval, armées de 6 canons Armstrong de 9 livres;
id. de campagne (à pied ou montées), armées de 6 can. Armst. de 9 liv.;
id. lourdes, armées de 6 canons Armstrong de 20 livres;
id. de position armées de 4 canons Armstrong de 40 livres ;
id. de montagne, armées de 4 canons de 7 liv. se ch. par la bouche.

Aujourd'hui les canons Armstrong sont remplacés plus ou moins complétement par des canons se chargeant par la bouche, savoir : ceux de 9 et de 12 livres par le canon de 9 livres, celui de 20 livres par le canon de 16 livres, enfin celui de 40 le sera probablement par le canon de 25.

Sur le pied de guerre, une batterie de 9 livres comprend 25 voitures, et une batterie de 16 livres 31 voitures, qui se décomposent ainsi : .

1° 6 pièces; elles sont attelées à six chevaux dans la batteries de 9 livres, et à huit dans celle de 16 livres, mais ce dernier nombre sera probablement réduit à six;

2° 11 caissons à munitions d'artillerie dans les batteries de 9 livres et 12 dans celles de 16 livres;

3° 1 caisson à munitions pour armes portatives dans les batteries de 9, et 6 dans celles de 16 livres;

4° 1 affût de rechange;

5° 1 forge;

6° 1 *store-wagon*, portant des outils et attirails divers;

7° 1 *store-cart*, voiture à bagages dans laquelle on porte aussi les registres de batterie et divers menus objets;

8° 2 chariots de batterie servant au transport des fourrages;

9° 1 caisson à fusées de guerre (*Rocket-wagon*). Ces fusées, du système *Hale*, sont *sans baguette*. A leur partie postérieure est vissé un culot (pl. XII, fig. 23), percé de trois évents droits, auxquels font suite trois ailettes en forme de gouttières demi-cylindriques; les gaz de la composition, en s'échappant par les évents, font tourner la fusée en vertu des pressions latérales qu'ils exercent contre les faces intérieures des ailettes; la rotation ainsi produite permet de supprimer la baguette employée dans les autres systèmes.

Les munitions sont réparties de la manière suivante :

	BATTERIE DE 9 LIV. se chargeant p^r la bouche.	BATTERIE DE 16 LIV. se chargeant p^r la bouche.
Dans les coffrets d'affûts. . .	4 boîtes à mitraille.	4 boîtes à mitraille.
Dans les coffres d'avant-train de la pièce	8 obus ordinaires. 16 shrapnels. 6 boîtes à mitraille.	8 obus ordinaires. 14 shrapnels. 4 boîtes à mitraille.
Dans chaque caisson	24 obus ordinaires. 48 shrapnels. 18 boîtes à mitraille.	22 obus ordinaires. 48 shrapnels. 2 boîtes à mitraille.

Équipage de siége. — Une circulaire de 1870 *(Revised army regulations, 1870)* donne, comme type, la composition suivante d'un parc de siége de 105 bouches à feu :

Canons de 7 po., sur affûts de marine . . 25 ⎞
id. de 64 liv., sur affûts de siége. . . 20 ⎟
id. de 40 liv., id . . . . 30 ⎬ 105 ;
Mortiers de 10 po. en fer . . . . 15 ⎟
de 5 ¹/₂ po. en bronze . . . . . . 15 ⎠

Obus ordinaires : de 7 po., 7500; de 64 liv., 6000; de 40 liv., 9000;
Obus à segments : de 7 po., 1875; de 40 liv., 2250;
Shrapnels : de 7 po., 1875; de 64 liv., 3000; de 40 liv., 2250;
Boîtes à mitraille : de 7 po., 1250; de 64 liv., 1000; de 40 liv., 1500;
Bombes : de 10 po., 6750; de 5 ¹/₂ po., 7500;
Balles éclairantes : de 10 po., 375
Carcass :   —   375
Fusées de signaux : —   500
Fusées incendiaires : —   2000.

Établissements de l'arme. — A l'artillerie se rattachent :

Le *Deputy Adjudant-General's Department,* chargé, sous le contrôle du commandant en chef de l'armée anglaise, de la discipline, des promotions, et de la distribution des brigades;

Le *Department of the direction of artillery and stores,* qui préside à l'armement, détermine les modifications à intro-

duire dans le matériel, et a la haute main sur les manufactures ;

Les *Manufacturing-Departments*, comprenant les diverses
fabrications réunies à Woolwich (bouches à feu, affûts,
projectiles), et la poudrerie de Waltham-Abbey ;

Les *Instructional-Departments*, comprenant : — l'Aca-
démie royale militaire, à Woolwich, où se préparent des
cadets pour les services de l'artillerie et du génie ; —
l'École d'artillerie, de Woolwich, pour l'instruction scien-
tifique supérieure des officiers et leur instruction générale
en tout ce qui concerne le matériel ; l'école pratique, à
Shoeburyness, pour les officiers et la troupe ; — enfin
l'École d'équitation, à Woolwich, pour les officiers, les
cadets et la troupe.

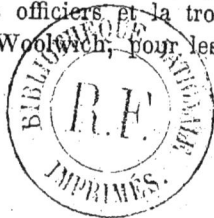

Nancy, Imprimerie Berger-Levrault et Cie.

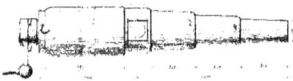

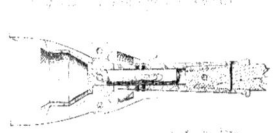

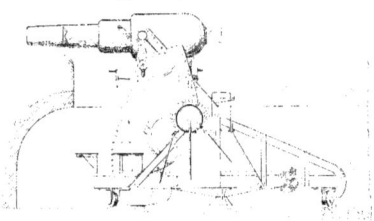

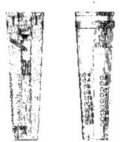

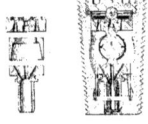

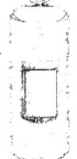

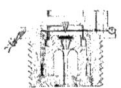

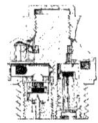

7

Pl. XIII.

Fig 24 Shrapnel de 9ᵛ

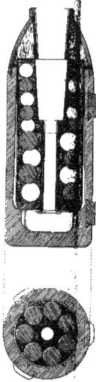

Fig 25. Obus ordinaire de 9 liv

Fig 26 Shrapnel Boxer de 9 p'

Fig 27 Obus ordinaire de 7 p'

Fig 28 Double Shrapnel de 9 p'

Fig 29 Obus Palliser de 10 p'

Fig 30 Boulet Palliser de 10 p'

Fig 31 Obus à segments de 40 m (¼)

Fig 32. Boite à mitraille de 9 liv (¼)

Fig 33. Garrison

Fig 34. Balle éclairante à parachute

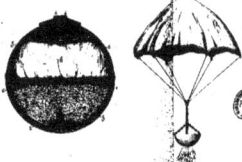

Fig 35 Shrapnel sphérique à double effet

www.ingramcontent.com/pod-product-compliance
Lightning Source LLC
Chambersburg PA
CBHW070948280326
41934CB00009B/2039